ESTADOS UNIDOS:
A FORMAÇÃO DA NAÇÃO

Leandro Karnal

Estados Unidos:
a formação da nação

Coordenação de texto
Carla Bassanezi Pinsky

Preparação de originais
Camila Kintzel

Diagramação
José Luiz Guijarro/Gustavo S. Vilas Boas

Projeto e montagem de capa
Antonio Kehl

Ilustração de capa
Liberty's Pulpit, de Jean Gerone Ferris
(Fantasia da união racial no momento
da independência americana)

Dados Internacionais de Catalogação na Publicação (CIP)
(Câmara Brasileira do Livro, SP, Brasil)

Karnal, Leandro, 1963 –
Estados Unidos : a formação da nação / Leandro Karnal
5. ed., 9ª reimpressão. – São Paulo : Contexto, 2024. –
(Repensando a história)

Bibliografia
ISBN 978-85-7244-177-3

1. Estados Unidos – História 2. Estados Unidos – História –
Independência 3. Estados Unidos – História – Período
colonial, ca. 1600, 1775 I. Título II. Série

01-3046 CDD-973

Índice para catálogo sistemático:
1. Estados Unidos : História 973

2024

EDITORA CONTEXTO
Diretor editorial: *Jaime Pinsky*

Rua Dr. José Elias, 520 – Alto da Lapa
05083-030 – São Paulo – SP
PABX: (11) 3832 5838
contato@editoracontexto.com.br
www.editoracontexto.com.br

What is so pleasant as these jets of affection which make a young world for me again? What so delicious as a just and firm encounter of two, in a thought, in a feeling? How beautiful, on their approach to this beating heart, the steps and forms of the gifted and the true! The moment we indulge our affections, the earth is metamorphosed; there is no winter, and no night; all tragedies, all ennuis, vanish, – all duties even; nothing fills the proceeding eternity but the forms all radiant of beloved persons.

(Ralph Emerson)

Para Valderez, companheira de jornada, alma peregrina, amiga de verdade, com carinho eterno.

Sumário

Introdução ... 9

As comparações incômodas ... 13

O modelo original: a Inglaterra ... 19

O admirável mundo novo ... 29

As origens da Independência ... 67

A ruptura e o novo país ... 79

Conclusão ... 99

Cronologia ... 103

Sugestões para leitura ... 105

Introdução

Há poucos países que despertam reações tão estranhas como os Estados Unidos da América. Eles são a nação dominante neste início de século XXI. O presidente dos EUA é chamado de homem mais poderoso do mundo nos jornais. Não se pode fazer a História recente sem fazer, em grande parte, a História dos Estados Unidos. É claro que ninguém chega a esta posição sem despertar muita raiva no planeta. Foi assim com os romanos no século I da Era Cristã e foi assim com os ingleses no século XIX. Quem está "por cima" desperta críticas que mostram tanto os pontos que consideramos negativos dos "vitoriosos" como o que gostaríamos de ter e não temos. As críticas, às vezes, são uma das maneiras transformadas da inveja.

Na América Latina, ouvimos com frequência a acusação contra o país rico do norte: são imperialistas, exploradores e os causadores de nossa pobreza! Na Europa, ouvimos que os norte-americanos são caipiras, ingênuos, ignorantes da realidade global e incapazes de localizar a França no mapa. Na China continental os EUA são acusados de arrogantes e intrusos em todas as soberanias nacionais.

Paralelos a esta crítica mundial, correm rios de imigração legal e ilegal com milhares de latinos, europeus e chineses querendo chegar desesperadamente até este país "imperialista", "ingênuo" e "arrogante". O fluxo constante de pessoas para lá é absolutamente democrático: inclui fugitivos de áreas socialistas como Cuba, de vizinhos capitalistas como o México, árabes, chineses e muitos brasileiros. Isto faz parte de nossas contradições e coloca em xeque a coerência da nossa análise sobre os cidadãos e a cultura dos EUA.

A bandeira dos Estados Unidos é a mais queimada em protestos pelo mundo. A Coca-cola tornou-se, como o vinho e o chá, uma bebida universal, mas também é tomada como símbolo e alvo tanto de recusas iradas como de consumo entusiasmado. O *Big Mac* é atacado pelo mundo como ponta de lança da penetração capitalista e há os que veem em um sanduíche um veneno ideológico mais potente do que todos os livros favoráveis ao capitalismo norte-americano. Finalmente, para desespero dos nacionalistas, termos como liquidações cedem lugar a *50% off*, entregas viram *delivery* e a elegância curva-se ao *fashion.* Por fim, mais do que na língua, a política mundial é dominada pelos Estados Unidos e nada no planeta pode ignorar a força militar e econômica de Washington.

Este livro pretende ser uma contribuição sobre a origem desse país. Dizem que a infância é o período mais importante da vida de qualquer ser humano. Também pode ser assim para explicar países. Vamos analisar o surgimento e crescimento dos Estados Unidos, sua colonização e independência. Examinaremos um período no qual esta área do planeta, os EUA, era formada por um amontoado de pequenas cidades e plantadores e comerciantes pouco expressivos no jogo de poder mundial. Os que amam os EUA encontrarão aqui razões para justificar seu afeto. Os que odeiam o país conhecerão melhor o inimigo e poderão utilizar este conhecimento para vencê-lo. Por fim, espero, todos terão aprendido um pouco mais sobre o mundo em que vivem. Este mundo que, para desespero de alguns e alegria de outros, é o mundo onde os Estados Unidos da América estão.

Meu interesse pelos EUA nasceu do meu interesse pela América como um todo. Não recebi a onda de recusa estrutural que a década de 1960 apresentou aos Estados Unidos, apesar de ter nascido nessa década. Também nunca me deslumbrei com as maravilhas eletrônicas daquele país ou com férias em Miami. Apesar de ter um interesse forte pela história dos EUA, costumo pensar que os meus Estados Unidos apresentam os escritores Walt Whitman e

Edgar Allan Poe, pintores como Jackson Pollock e Edward Hopper (meu preferido), filósofos como Ralph Emerson (e seus *Ensaios* tocantes), músicos como George Gershwim, arquitetos como Frank Lloyd Wright (sempre quis morar na casa Robie, em Chicago, apesar do vento .. .) e a admiração por líderes políticos como Martin Luther King Jr. Por fim, há uma cultura norte-americana menos formal que passa por James Dean, Carpenters, Simpsons, Jornada nas Estrelas, o rock e Garfield. Todos, a seu momento, tiveram importância para mim. Sei muito bem que ao lado destes que amo estão pessoas como Richard Nixon, Ronald Reagan e soldados que invadem o planeta, do Vietnã a Granada. Não consigo, porém, encontrar uma cultura neste mundo que não tenha esta variedade.

Você vai notar que faço várias referências a Shakespeare, isso se deve ao fato de ter vivido intensamente a leitura deste autor, fundamental para explicar a Inglaterra e seus derivados. Tal como um crítico literário norte-americano disse recentemente, Shakespeare inventou, de alguma forma, o humano em nós. O mesmo crítico (Harold Bloom) sugere que não devemos ler o mundo de Shakespeare, mas o mundo através de Shakespeare. É o que tentei fazer. Você será meu juiz. Aceita o desafio?

As Comparações Incômodas

Quando penso que aqui na Terra o que é excelente em tudo quando existe é coisa dum momento, que sobre cada peça em palco tão imenso a influência do céu age secretamente...
(Shakespeare – *Soneto XV*)

COLÔNIAS de povoamento e exploração

Por que os Estados Unidos são tão ricos e nós, o Brasil, somos tão pobres? Por que as coisas parecem dar certo lá e não aqui? Estas perguntas já passaram muitas vezes pelas cabeças de brasileiros como você e, para explicar esta diferença enorme, já foram gastos rios de tinta.

As explicações de maior sucesso são sempre as mais simples, mesmo que a realidade seja de fato muito complexa. Uma destas explicações, talvez a pior de todas, argumenta que existem colônias de exploração e colônias de povoamento.

As colônias de exploração, é claro, seriam as ibéricas. Como apreende-se na definição, as áreas colonizadas por Portugal e Espanha existiriam apenas para enriquecer as metrópoles. Nesse tipo de colônia, as pessoas sairiam da Europa apenas para enriquecer e retornar ao país de origem. Esta verdade tão cômoda explica o subdesenvolvimento de países como Peru, Brasil e México: todos eles foram colônias de exploração...

O oposto das colônias de exploração seriam as de povoamento. Para essas, as pessoas iriam não com o objetivo de enriquecer e voltar, mas para morar na nova terra. Logo, sua atitude não seria predatória, mas preocupada com o desenvolvimento local. Isto explicaria o grande desenvolvimento das áreas anglo-saxônicas como os EUA e Canadá.

Há uma ideia associada a esta que versa sobre a qualidade dos colonos. Para as colônias de exploração as metrópoles enviariam o “refugo”: aventureiros sem valor que chegariam aqui com olhos fixos na cobiça e no desejo de ascensão. As colônias de povoamento receberiam o que houvesse de melhor nas metrópoles, gente de valor que, perseguida na Europa, viria resignada com seus bens e cultura para o Novo Mundo.

Esse argumento por vezes implica posições ainda mais absurdas, racistas: os ingleses seriam uma raça mais desenvolvida; portugueses e espanhóis, pelo contrário, uma raça inferior.

Pronto! A explicação é perfeita! Somos pobres porque fomos explorados por uma gentalha medonha! Os Estados Unidos são ricos porque tiveram o privilégio da colonização de alto nível da Inglaterra. Como você sabe, nossa cultura adora explicações de dois opostos: Deus e o diabo, povoamento e exploração, preto e branco. Assim, esta explicação fez um sucesso extraordinário e constou em livros didáticos e conversas informais. Quando um brasileiro, com ar meio entediado, dizia numa roda de bar: “bem, somos pobres porque ninguém veio para cá trabalhar...”, os outros da mesa consentiam com a cabeça e a discussão encerrava-se. Pior: se estamos destinados desde a infância como colônia a esta situação, nada mais há por fazer – não se pode mudar a infância de ninguém, seja de uma pessoa, seja de um país. No ano 2000, um português que preparava as comemorações do quinto centenário do Brasil dizia: “se o Brasil é pobre porque Portugal explorava, não dava para ter mudado alguma coisa depois de 178 anos de independência?”. A pergunta continua no ar: por que nós somos tão menos reconhecidos que os Estados Unidos no cenário mundial?

HÁ OUTRA explicação?

Já há várias décadas, um escritor brasileiro, Vianna Moog, ao escrever o livro *Bandeirantes e Pioneiros*, contestava várias destas posturas. Nessa obra o autor recusa primeiramente a ideia de raça como elemento definidor para o sucesso ou não de uma civilização. Hoje vamos ainda mais longe e podemos afirmar que, diante

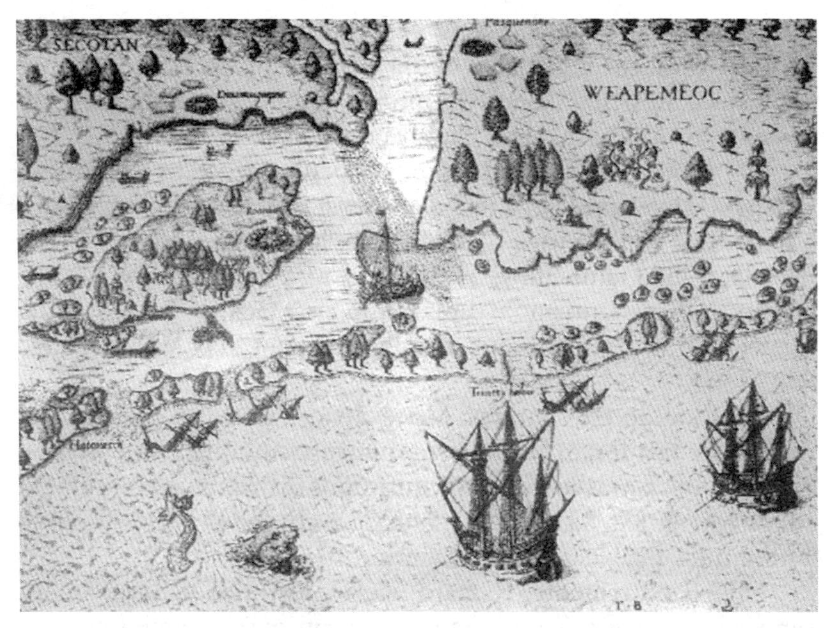

A chegada dos ingleses à Virgínia, ilustração de Theodor de Bry (1590).

da biologia, a própria ideia de "raça" apresenta problemas, já que todos os seres humanos pertencem à mesma espécie. A ideia de raça é antes de tudo um esforço de um grupo para justificar um domínio sobre outro.

Prosseguindo, Vianna Moog, ao explicar as diferenças entre brasileiros e norte-americanos, prefere fatores geográficos e culturais. Quanto à geografia, o autor destaca para os Estados Unidos as facilidades de planícies imensas e rios excelentes para a navegação, como o Mississipi. A natureza norte-americana, ao contrário da brasileira, facilita em muito o trabalho do colonizador. Sem apelar para teses de determinismo geográfico (aquelas que dizem que o homem sempre é fruto do meio geográfico e está determinado por ele), o autor atribui grande importância ao clima, ao relevo e à hidrografia da América do Norte.

Do ponto de vista cultural, Vianna Moog traça o paralelo entre a postura colonizadora católica e protestante. Na Idade Média, a Igreja católica proibia o lucro e o juro, punidos como crimes. O ideal católico era a salvação da alma; o progresso econômico era visto com desconfiança. Demônio e riqueza estavam constantemente associados na ética católica e medieval.

Os protestantes, no entanto, particularmente os calvinistas, desenvolveram uma ética religiosa oposta. Deus ama o trabalho e a poupança: o dinheiro é sinal externo da graça de Deus. O ócio é pecado, o luxo também: assim falava o austero advogado Calvino, na Suíça. Protestantismo e capitalismo estão associados profundamente, conforme analisou o sociólogo alemão Max Weber, citado por Moog.

Lembrando estes fatores, Moog destaca como as colonizações do Brasil e EUA foram baseadas em pressupostos diferentes. Mesmo que hoje possamos identificar muitos pontos falhos nos argumentos de Moog, não há dúvida de que ele abriu, no Brasil, o caminho para muitas reflexões sobre a América.

Mais recentemente, Richard Morse, historiador norte-americano, com seu *Espelho de Próspero*, traçou outros caminhos interessantes para esta questão. Basicamente, Morse afirma que o dito subdesenvolvimento da América Latina é uma opção cultural. Em outras palavras, o mundo ibérico não ficou como está hoje por incompetência ou acidente, mas porque assim o desejou. As diferenças entre a América anglo-saxônica e a ibérica são frutos de "escolhas políticas", como argumenta o autor.

A expressão de Morse pode gerar dúvidas. O que significaria, na verdade, "desejo e opção"? Não se trata aqui de tornar a América Ibérica um indivíduo, como se o continente tivesse uma vontade própria, fizesse escolhas ou apresentasse desejos... Morse destaca aqui a ação dos construtores da história da América Ibérica, os homens que nela viveram e vivem, e que criaram neste espaço um mundo de acordo com suas visões. Claro que não é possível tratar esses homens como se tivessem uma visão clara do que seria o futuro, como profetas e críticos da sociedade que construíam. Mas deve-se afastar, segundo Morse, a ideia de acidente, como se a América Latina fosse fruto do acaso.

Até que ponto as ideias de Morse estariam corretas? Vamos aos fatos. O primeiro deles, que contesta várias ideias sobre a colonização da América, é que a ibérica foi, em quase todos os sentidos, mais organizada, planejada e metódica que a anglo-saxônica. Caso atribuamos valor à organização, é inegável que a colonização ibérica foi muito "melhor" que a anglo-saxônica.

Na verdade, só podemos falar em projeto colonial nas áreas portuguesa e espanhola. Só nelas houve preocupação constante e sistemática quanto às questões da América. A colonização da América do Norte inglesa, por razões que veremos melhor no capítulo seguinte, foi assistemática.

No século XVII, quando a América Espanhola já apresentava universidade, bispados, produções literárias e artísticas de várias gerações, a costa inglesa da América do Norte era um amontoado de pequenas aldeias atacadas por índios e rondadas pela fome.

Portugal e Espanha mandavam para a América, na época da conquista, alguns de seus membros mais ilustres e preparados. Dentre os primeiros franciscanos que foram ao México, por exemplo, estava Pedro de Gante, parente do próprio imperador da Espanha. No Brasil, a nova e entusiasmada ordem dos jesuítas veio junto com o primeiro governador-geral. Nem de longe podemos afirmar que fenômeno semelhante tenha ocorrido na fase da conquista da América Inglesa.

Decorridos cem anos do início da colonização, caso comparássemos as duas Américas constataríamos que a ibérica tornou-se muito mais urbana e possuía mais comércio, maior população e produções culturais e artísticas mais "desenvolvidas" que a inglesa. Nesse fato vai residir a maior facilidade dos colonos norte-americanos em proclamarem sua independência. Os maus casamentos terminam antes dos bons. A falta de um efetivo projeto colonial aproximou os EUA de sua independência. As 13 colônias nascem sem a tutela direta do Estado. Por ter sido "fraca", como veremos adiante, a colonização inglesa deu origem à primeira independência vitoriosa da América.

Continuando neste caminho, notamos elementos que não confirmam a ideia de exploração ou povoamento. O mundo ibérico dá a ideia de permanência. Construir e reformar permanentemente, ao longo de três séculos, uma catedral como a da cidade do México não é atitude típica de quem quer apenas enriquecer e voltar para a Europa. A solidez das cidades coloniais espanholas, seus traçados urbanos e suas pesadas construções não harmonizam com um projeto de exploração imediata.

As pessoas que falam destes "ideais" de enriquecimento fácil parecem imaginar um espanhol cobiçoso embarcando em um avião em Sevilha e, horas depois, desembarcando na América. Essas pessoas não levam em conta o imenso desconforto de uma viagem de navio, em que o desconhecido aliava-se a provisões podres e altos riscos de naufrágios, piratas e corsários (piratas a serviço de um Estado).

O europeu que viesse para a América, em primeiro lugar, deveria ser de uma coragem extrema. Uma vez aqui, sua volta tornava-se extremamente difícil. Em pleno século XIX, Simón Bolívar, membro de uma das famílias mais ricas e ilustres da América, teve dificuldades em obter licença para estudar na Europa. É óbvio que a atração das riquezas da América foi forte. No entanto, é também óbvio que apenas as autoridades metropolitanas tinham liberdade de ir e vir.

No limite do cômico, aqueles que apelam para a explicação de colônias de povoamento e exploração, parecem dizer que, caso um colono em Boston no século XVII encontrasse um monte de ouro no quintal, diria: "não vou pegar este ouro porque sou um colono de povoamento, não de exploração; vim aqui para trabalhar não para ficar rico e voltar".

Em se tratando da colonização ibérica, devemos seguir o conselho da historiadora Janice Theodoro da Silva: "desconfiar da empresa e degustar a epopeia". A epopeia incluiu a exploração mercantilista, mas não se reduziu a ela.

Não é, certamente, nesta explicação simplista de exploração e povoamento que encontraremos as respostas para as tão gritantes diferenças na América. Entender a especificidade das colônias inglesas na América do Norte significa falar da Inglaterra moderna.

O Modelo Original: a Inglaterra

O que é belo é Feio e o que é Feio é belo
(Shakespeare – *Macbeth*)

A ASCENSÃO dos Tudors

É impossível entender a colonização inglesa e suas particularidades se não levarmos em conta a situação da própria Inglaterra antes de iniciar esta colonização.

No início da Idade Média (séc. V ao X) o poder estava fragmentado. Não havia um poder único sobre toda a ilha. Já no século XV, a Inglaterra estava enfrentando a mais longa de todas as guerras, a Guerra dos Cem Anos (1337-1453). Lutando contra um outro país, um inimigo comum, os ingleses começam a pensar no que os unia, no que era ser inglês. Porém, mal terminada a Guerra dos Cem Anos, a ilha é envolvida numa violenta guerra civil: a Guerra das Duas Rosas (1455-1485). A família York (que usava uma rosa branca como símbolo) e a família Lancaster (que usava uma rosa vermelha) dividem o país com grande violência.

Qual a importância das duas guerras para a Inglaterra? Vimos que a guerra contra a França ajudou a unir os ingleses. A sucessão de guerras colabora também para enfraquecer a nobreza e suscitar no país o desejo de um poder centralizado e pacificador. A dinastia Tudor (1485-1603), que surge deste processo, torna-se, de fato, a primeira dinastia absolutista na Inglaterra. Assim, no mesmo momento que o Brasil estava sendo conhecido (1500) pelos portugueses, os ingleses criavam uma dinastia sólida e forte no poder.

A família Tudor no governo seria responsável pela afirmação do poder real na Inglaterra. Um país cansado de guerras ofereceu-se à ação dos Tudor sem grandes resistências. A expressão "país cansado" pode dar a ideia de que a Nação seja um indivíduo. Quem é "o país"? Neste momento, é importante destacar que as guerras atrapalhavam as atividades produtivas e comerciais. Logo, uma das partes do "país" que estava mais cansada era constituída por burgueses que, em sua maioria, viam com bons olhos um poder forte e centralizado. A outra parte do "país", que poderia oferecer resistência – os nobres – tinha sido duramente atingida pelas guerras. Enfraquecidos, esses nobres pouco ou nada fizeram contra o poder real.

Sendo ilha e, por consequência, separada do continente, a Inglaterra sempre conservara um certo distanciamento da Europa. Muitos envolvimentos da Inglaterra com a política europeia terminaram em prejuízos para os ingleses, entre os quais, a viva e particularmente dolorosa na memória derrota na Guerra dos Cem Anos.

O poder dos Tudors aumentou ainda mais com a Reforma religiosa (século XVI). Usando como desculpa sua intenção de divórcio, o rei Henrique VIII rompeu com o papa e fundou o anglicanismo, tornando-se chefe da Igreja na Inglaterra e confiscando as terras da Igreja Católica.

Os dois maiores limites do poder real eram os nobres e a Igreja Católica. Graças à Reforma e à fraqueza da nobreza inglesa estes limites foram eliminados ou diminuídos durante a dinastia Tudor.

Um outro fator aumentou a união dos ingleses. O "perigo espanhol", ou seja, o risco de a Espanha invadir a Inglaterra, bastante forte ao menos até a derrota da armada espanhola (A Invencível Armada – 1588), fazia com que as oposições ao poder real fossem refreadas. Criticar o rei, o condutor da nação, diante do risco de uma invasão estrangeira, parecia uma traição nacional.

No século XVI o nacionalismo na Inglaterra fortaleceu-se. O que significa isto: mesmo com todas as diferenças, cada inglês olha para o outro e sente que há pontos em comum, coisas que os diferenciam dos franceses e espanhóis, formando laços de união entre eles.

As súbitas mudanças de orientação nas diretrizes religiosas e a convivência com a desordem marcaram a vida espiritual e política na Inglaterra do século XVII. Na ilustração: perseguição a católicos ingleses.

Acima de tudo, os ingleses estavam desenvolvendo a "modernidade política". Mas no que consistia essa "modernidade política"? Basicamente, seria uma ação política independente da teologia e da moral. Em outras palavras, a ação dos príncipes modernos não procura levar em conta se o que fazem agrada a Deus ou é contra as leis divinas. Os príncipes modernos agem porque tal ação é eficaz para atingir seus objetivos, dentre os quais o maior é conseguir o poder absoluto. Na história política da Inglaterra, entre o final da Idade Média e o início da Moderna, este tipo de príncipe foi comum. Eram príncipes reais, concretos, sem nuvem divina em volta do trono.

Esta memória política pôde servir de base para personagens de Shakespeare como Macbeth e Ricardo III, protagonistas de duas de suas peças mais marcantes. Mesmo ambientando suas cenas na

Escócia medieval ou na Inglaterra do século anterior ao seu, Shakespeare remete à memória política dos ingleses, marcada pela astúcia, violência e, acima de tudo, por um apego à realidade.

Na peça de Shakespeare, Macbeth faz de tudo para conseguir o trono da Escócia. Mata, trai e personifica um tipo particular de política não muito distante daquele a que os ingleses haviam assistido no princípio da Idade Moderna. O pensamento que inicia este capítulo, retirado da fala das feiticeiras da peça Macbeth, mostra que este é um mundo no qual os valores estão em transformação. "O belo é feio e o feio é belo" – da guerra nasce uma relatividade nos valores tradicionais, uma das características do moderno. O que valia até aqui pode não valer mais, é isto que as feiticeiras dizem aos ingleses que assistem sua fala.

Outra personagem shakesperiana, Ricardo III, ilustra bem este pensamento. Que outra figura a literatura terá criado com tamanha maldade e falta de escrúpulos? Capaz de matar crianças e supostos amigos; feio, disforme, repugnante de corpo e alma? Ricardo, duque de Glócester, nos obriga a rever o conceito de maldade. Não obstante, Shakespeare o faz personagem central de uma peça.

No final da peça *Ricardo III,* Shakespeare anuncia o fim da guerra civil e o advento da paz com o início do governo Tudor. Era preciso tornar mau o rei anterior à dinastia Tudor e, depois de Ricardo III, qualquer rei pareceria bom. Mesmo querendo realçar a ruptura entre Ricardo III e Henrique VII, Shakespeare acaba nos mostrando quanto a Inglaterra é fruto também de modernidade política, seja ela York, Lancaster ou Tudor. O dramaturgo distancia-se o suficiente do poder para analisá-lo e este, bem ou mal exercido, torna-se um conceito. É possível então, jogar com ele.

Em vez da política dinástica e da crença na legitimidade do poder real, a Inglaterra entra na Idade Moderna tendo convivido com a relatividade destes valores. Sob os Tudor reinstala-se a sucessão dinástica, mas aparece a relatividade religiosa. O que significa isto?

Henrique VIII casara seis vezes. Ao casar pela segunda vez, rompera com a Igreja de Roma, tornando-se chefe da igreja inglesa: a Igreja Anglicana. Ao morrer, deixa como herdeiro seu filho

Eduardo VI, de tendências calvinistas. O curto reinado de Eduardo VI é seguido pelo de Maria I, carinhosamente chamada de "sanguinária" pelos ingleses. Maria recebeu este apelido ao reprimir com grande violência os protestantes e tentar reinstalar o catolicismo na Inglaterra, chegando mesmo a casar-se com o rei Filipe II da Espanha, tradicional inimigo dos ingleses. Ao morrer sem deixar herdeiros, Maria abre o caminho do poder para sua meio-irmã, Elizabeth I, que por quase cinquenta anos afirmará o anglicanismo como religião da Inglaterra.

Difícil imaginar a importância da religião no século XVI. Romper com Roma, negar a autoridade do papa, sucessor de São Pedro e autoridade que por muitos séculos os ingleses respeitaram, representa muito mais do que uma ruptura política. Os ingleses e o rei, ao fundarem uma nova Igreja, criaram também uma nova visão de mundo. O rei desejou casar novamente, o papa proibiu, o rei casou-se mesmo assim. Apesar de todas as justificativas bíblicas que Henrique VIII usou, o que ele fez foi afirmar a supremacia de sua vontade individual sobre a tradição. Em outras palavras, Henrique VIII usa sua liberdade contra a tradição, quebra o que "sempre foi" e torna válido um ato de rebeldia.

Por meio século os ingleses conviveram com súbitas mudanças de orientação nas diretrizes religiosas do país. Ao contrário de uma Espanha que se unificava em torno do catolicismo, expulsando judeus e muçulmanos e perseguindo as vozes discordantes, a Inglaterra conheceu a relatividade religiosa. A convivência com a desordem, outra característica da modernidade, marcou a vida religiosa inglesa.

Tanto na política como na religião, dois aspectos fundamentais do homem do século XVI, a Inglaterra conviveu com a desordem e a falta de unidade. No século XVII, quando se iniciou a dinastia Stuart, a ilha estava fragmentada em inúmeras seitas protestantes, vários focos de resistência católicos e a Igreja anglicana oficial.

O SÉCULO XVII e os Stuarts

A Inglaterra estava em transformação. Primeiramente quanto à população: havia 2,2 milhões de ingleses em 1525 e esse número passaria a 4,1 milhões em 1601. A Revolução Agrícola e o progresso das manufaturas fez da era Tudor um momento de prosperidade.

No século XVII intensifica-se o processo de cercamentos (*enclosures*) que tinham se iniciado no final da Idade Média. As velhas terras comuns, indispensáveis à sobrevivência dos camponeses, estavam sendo cercadas e vendidas pelos proprietários, principalmente em função do progresso de criação de ovelhas.

Durante a Idade Média, as "terras comuns", que podiam ser exploradas por todos, foram fundamentais para a existência do camponês. Com os cercamentos, essas terras ficaram inacessíveis aos camponeses e passaram a ser intensamente exploradas. Para muitos camponeses, o fim das terras comuns foi também o fim da vida no campo.

O êxodo rural cresce consideravelmente. As cidades inglesas aumentam e o número de pobres nelas é grande. É dessa massa de pobres que sairá grande parte do contingente que emigra para a América em busca de melhores condições.

Esse processo de cercamentos e de êxodo rural foi analisado pelo filósofo alemão Karl Marx, que destaca as grandes transformações decorrentes dele. Esse rápido crescimento econômico e as mudanças rápidas de valores que o envolvem criam uma época em que, segundo Marx, "tudo o que é sólido se desmancha no ar". As cidades se transformam, os valores de pouco antes deixam de ser válidos. Não há verdades absolutas. O mundo tradicional se dilui.

A política inglesa do século XVII convive com o espírito de Macbeth – a "política moderna" – anteriormente explicada: os jogos de poder e a luta pelo mundo. A dinastia Stuart, ao tentar governar sem os limites do parlamento, encontra a resistência de uma parte da nação. Esta parte, encabeçada por Cromwell, manda matar Carlos I. Você talvez não consiga imaginar o poder deste ato: os reis eram considerados sagrados, enviados de Deus para governar os homens. Matar um rei (regicídio) tinha sido comum nas conspirações da história da Inglaterra, porém, pela primeira vez um rei era morto após um julgamento, como os franceses fariam no século seguinte com Luís XVI. Ao matarem Carlos I, os ingleses estavam declarando: os reis devem servir à nação e não o

"Os reis devem servir à nação e não o contrário". Uma sessão no Parlamento inglês, 1641.

contrário. Para nós isto parece lógico, porque pertencemos a um outro mundo no qual entendemos que os políticos devam (ou deveriam) servir aos eleitores. Nada disto era pensado até então. Como disse o autor Christopher Hill, a ilha da Grã-Bretanha tinha virado a ilha da "Grã-loucura". A necessidade concreta de grupos particulares pode vencer tradição e leis. Isto é importante para reforçar o que já tratamos várias vezes: o conceito de modernidade política.

Moderna novamente, a Inglaterra torna-se sede da primeira e efetiva revolução burguesa da Europa (por levar os burgueses ao controle do poder político) que, mais tarde, formularia a "Declaração de Direitos", estabelecendo novas bases para a política. Neste mesmo momento, 1689, é importante lembrar que a França vivia o apogeu do absolutismo sob o governo de Luís XIV, os portugueses eram dominados pela Dinastia de Bragança e os espanhóis continuavam sob o poder dos Habsburgos.

Quando um homem ligado a estas revoluções burguesas na Inglaterra, Milton, resolve escrever um poema épico sobre a expulsão de Adão e Eva do Paraíso (*O Paraíso Perdido*), acaba nos legando um retrato interessante do imaginário inglês. As intrigas infernais para destruir a inocência de Adão e Eva são verdadeiras intrigas políticas, Deus e o diabo comportam-se como potências rivais. Afastado da presença de Deus, o demônio afirma preferir ser "senhor dos infernos a ser escravo nos céus". Quando as forças infernais conseguem expulsar o homem do Paraíso, Adão termina por fazer considerações práticas sobre sua nova vida. O poema é moderno exatamente por tratar todas estas questões com grande senso de realidade, apego ao concreto e fixação ao prático.

Os choques constantes entre rei e burguesia, entre a religião oficial e as seitas, bem como choques entre grupos mais democráticos e populares contra grupos burgueses mais elitizantes, tudo isso colabora para tornar o século XVII um momento conturbado na história da Inglaterra e ajuda a explicar por que o país tinha tão pouco controle sobre suas colônias.

Outro fator tornava as vidas inglesa e europeia bastante difíceis nos séculos XVI e XVII: a alta de preços. A inflação dos produtos de primeira necessidade estava associada à abundância de ouro e prata que jorrava da Espanha pelo continente. Os metais retirados da América empurravam os preços para cima e, como costuma acontecer, atingiam a classe baixa de forma particularmente violenta. As perturbações sociais nestes séculos são constantes. A fome e a peste, filhas da inflação e do aumento populacional, varrem a Europa.

Essa situação da Inglaterra ajuda a compreender a ausência de um projeto colonial sistemático para a América e a própria "ausência" da metrópole no século XVII. Há a falta de um referencial uniforme que norteie a colonização.

As perseguições religiosas que marcaram o período também estimularam muitos grupos minoritários, como os *quakers*, a se refugiarem na América. O aumento da pobreza nas cidades favorece grupos sem posses a ver na América a oportunidade de melhorarem sua vida e serem livres.

Os ingleses que vêm para a América trazem uma tradição cultural diversa da espanhola ou portuguesa. Os colonos ingleses, por exemplo, convivem com mais religiões. O senso do relativo que a história inglesa ajudara a formar estabeleceria uma possibilidade de opção bem maior, uma visão de mundo mais diversificada para nortear as escolhas de vida feitas na nova terra. Não o mundo épico de "armas e barões assinalados" que o poeta português Camões cantou em *Os Lusíadas*, mas o mundo real, concreto, mais ligado ao que é prático do que ao ideal.

O Estado e a Igreja oficial, na verdade, não acompanharam os colonos ingleses. Aqui eles teriam de construir muita coisa nova, inclusive a memória. No entanto, uma nova memória só foi possível graças às transformações que a própria história inglesa havia sofrido desde o final da Idade Média e a consequente criação de novos referenciais culturais. O fantasma de Macbeth acompanhou os colonos. Suficientemente fluido para permitir a criatividade. Suficientemente nítido para resistir à travessia do Atlântico.

grupos em [illegible] vazia, [illegible] a oportunidade de [illegible] em [illegible]

[illegible] ingleses que [illegible] criaram uma tradição cultural diversa da espanhola ou portuguesa. Os colonos ingleses, por exemplo, conviveram com a [illegible] religiosa. O senso de iniciativa que a história inglesa ajudara a formar [illegible] uma possibilidade de [illegible] bem maior [illegible] de [illegible] mais diversificada para [illegible] na nova terra. [illegible] o mundo [illegible] haviam assentados [illegible] portugueses [illegible] comércio, mais ligado [illegible] prática do que [illegible]

O Estado e a Igreja [illegible] acompanharam os colonos ingleses. [illegible] No entanto [illegible] na história inglesa havia [illegible] desde o final da Idade Média [illegible] de novas [illegible] culturais. O [illegible] acompanhou os colonos [illegible] para [illegible] criatividade [illegible] atravessar o Atlântico.

O Admirável Mundo Novo

Ó admirável mundo novo em que vivem tais pessoas!
(Shakespeare – *A Tempestade*)

A presença europeia na América é bem anterior ao século XV. Temos, por exemplo, provas concretas da presença de vikings no Canadá quase cinco séculos antes de Colombo. Porém, apenas a partir de 1492 uma imensa massa de terras, com mais de 44 milhões de quilômetros quadrados, começa a aparecer lentamente diante dos navegadores europeus.

A princípio donos do Oceano Atlântico, portugueses e espanhóis dividiram o Novo Mundo entre si em acordos como o Tratado de Tordesilhas. Os ingleses, excluídos desta partilha, contestam a validade de Tordesilhas e praticam a pirataria oficial (a atividade do corsário) sobre os navios dos países ibéricos.

A Inglaterra, entretanto, não ficou apenas concentrada no roubo dos navios ibéricos e nos saques da costa. Ainda no final do século XV, encarregara John Cabot de explorar a América do Norte. A marca do desconhecido é evidente na carta que Henrique VII entrega ao italiano. O rei concede o que ninguém sabe o que é, a América, entregando-lhe *quaisquer* ilhas, *quaisquer* nativos, *quaisquer* castelos que o navegante encontrasse... A América é um mundo de incertezas, terra do desconhecido, mas capaz de atrair expedições em busca de quaisquer riquezas. De concreto, Cabot encontraria bacalhau na Terra Nova, atualmente Canadá.

Das terras espanholas começavam a chegar notícias crescentes de muita riqueza, como o ouro e a prata retirados do México e do Peru. A América cada vez mais passa a ser vista como um lugar de muitos recursos e de possibilidades econômicas. Comerciantes e aventureiros, a Coroa inglesa e cidadãos comuns nas ilhas britânicas agitam-se com estas notícias. Cada vez mais a ideia da exploração parece uma necessidade aos súditos dos Tudors. Cada ataque que o corsário inglês Francis Drake fazia aos ricos galeões espanhóis no Atlântico estimulava essa ideia.

O DIFÍCIL nascimento da colonização

Como vimos, os ingleses não foram pioneiros na América. Também não o foram no território dos atuais Estados Unidos. Navegadores como Verrazano, a serviço da França, Ponce de Leon, a serviço da Espanha, e muitos outros já tinham pisado no território que viria a ser chamado Estados Unidos. Hernando de Soto, por exemplo, batizou como Rio do Espírito Santo um imenso curso d'água que encontrou desaguando no Golfo do México. Este rio seria depois conhecido como Mississipi.

Estas primeiras aproximações europeias do território dos Estados Unidos já causaram um efeito duplo sobre as imensas populações indígenas da região. Primeiro, foram trazidas doenças novas como o sarampo e a gripe, que causaram milhares de vítimas entre as populações nativas, absolutamente despreparadas para este contato biológico. Também restaram cavalos nas terras da América do Norte, trazidos e depois abandonados pelos conquistadores, tornando-se selvagens. Esses cavalos passaram a ser, depois de domados, utilizados pelos índios, que assim modificavam suas táticas de guerra e seus meios de transporte. (Mas o contato entre índios e europeus será um denso tema para mais adiante...)

Ignorando as pretensões de outros soberanos, a rainha Elizabeth I concedeu permissão a sir Walter Raleight para que iniciasse a colonização da América. Sir Walter estabeleceu – em 1584, 1585 e 1587 – expedições à terra que batizou de Virgínia, em homenagem a Elizabeth, a rainha virgem, assim chamada por nunca ter se casado. Em agosto de 1587 nascia também Virgínia, a primeira criança inglesa na América do Norte, filha de Ananias e Ellionor Dare. Tanto a terra como a criança receberam o nome em homenagem à última soberana Tudor.

A cédula de doação a sir Walter assumia um tom que iniciava um verdadeiro processo de colonização:

> Walter Raleight poderá apropriar-se de todo o solo destas terras, territórios e regiões por descobrir e possuir, como antes se disse, assim como todas as cidades, castelos, vilas e vilarejos e demais lugares dos mesmos, com os direitos, regalias, franquias e jurisdições, tanto marítimas como outras, nas ditas terras ou regiões ou mares adjuntos, para utilizá-las com plenos poderes, para dispor deles, em todo ou em parte, livremente ou de outro modo, de acordo com os ordenamentos das leis da Inglaterra [...] reservando sempre para nós, nossos herdeiros e sucessores, para atender qualquer serviço, tarefa ou necessidade, a quinta parte de todo o mineral, ouro ou prata que venha a se obter lá. (25.3.1585).

Imagens feitas por John White na Virgínia do século XVI. Índios e animais aparecem como parte do Novo Mundo.

O projeto que estava sendo montado no final do século XVI em muito se assemelhava ao ibérico. O soberano absoluto concede a um nobre um pedaço de terra assegurando seus direitos. Pouca coisa diferenciava sir Walter de um donatário brasileiro do período das capitanias hereditárias.

Além desta semelhança, notamos a mesma preocupação metalista no documento: a fome de ouro e prata que marca a Era do Estado Moderno. A Coroa, impossibilitada de promover ela própria a colonização, delega a outros esse direito, reservando para si uma parte de eventuais descobertas de ouro e prata.

A aventura de sir Walter, no entanto, fracassou. Os ataques indígenas aos colonizadores, a fome e as doenças minaram a experiência inicial da Inglaterra. A ilha de Roanoke, sede destas primeiras tentativas, estava deserta quando, em 1590, chegou uma expedição de reforço para os colonos. O líder da expedição que tinha vindo salvar a colônia desaparecida encontrou apenas a palavra "Croatoan" escrita numa árvore. Talvez a palavra indicasse uma tribo ou um líder indígena próximos. Ninguém foi achado. O Novo Mundo tragaria seus debutantes ingleses.

Na Inglaterra, apesar da derrota da Espanha e da Invencível Armada, o perigo da invasão espanhola permanecia. A Inglaterra não parecia estar profundamente interessada na colonização da América. A captura de navios espanhóis repletos de ouro e prata era considerada uma atividade melhor do que investir no desconhecido. Até o final do século XVI não há outras tentativas de colonização sistemática da América do Norte.

NOVA CHANCE para a Virgínia

No início do século XVII, já sob a dinastia Stuart, a Inglaterra reviveu o impulso colonizador. Passou o perigo espanhol imediato, o país estava tranquilo e a necessidade de comércio avançava. A estabilidade alcançada na Era Tudor continuava a dar frutos. Mais uma vez, porém, a Coroa entrega a particulares esta atividade. Não mais nobres individuais, mas a Companhias como a de Londres e a de Plymouth.

Tanto a terra como a menina receberam o nome em homenagem à última soberana Tudor. Batizado da primeira criança inglesa nascida na Virgínia.

Estas companhias foram organizadas por comerciantes e apresentavam todas as características de empresas capitalistas. Aqui, ao contrário da América Ibérica, define-se uma colonização de empresa, não de Estado.

A Companhia de Plymouth receberia as terras e o monopólio do comércio entre a região da Flórida e o rio Potomac, restando à Companhia de Londres as terras entre os atuais cabo Fear e Nova York. Separando as duas concessões havia uma região neutra, para evitar conflitos de jurisdição. Nessa área os holandeses aproveitaram para fundar colônias, das quais a mais famosa daria origem à cidade de Nova York. Curiosamente, ao chegarem à região os holandeses compraram a ilha de Manhattan pelo equivalente a 24 dólares em contas e bugigangas. Os vendedores, os índios canarsees, acabavam de vender ao líder holandês Peter Minuit um dos pedaços mais valorizados do mundo atual: o centro da cidade de Nova York chamada, no século XVII, de Nova Amsterdã.

A cédula de concessão à Companhia de Londres falava dos objetivos de catequese dos índios da América do Norte: "... conduzirá, a seu devido tempo, aos infiéis e selvagens habitantes desta terra até a civilização humana e um governo estabelecido e tranquilo...". No entanto, mesmo que esse fosse o desejo do rei James I, nenhum projeto efetivo de catequese aconteceu na América. As Companhias não estabeleceram práticas para a conversão dos índios ao cristianismo (conversão é atitude própria de epopeia, aventura, não de empresa capitalista).

A atitude diante dos índios nessa fase inicial foi praticamente a mesma ao longo de toda a colonização inglesa na América do Norte: um permanente repúdio à integração do índio, diferentemente das áreas portuguesas e espanholas. O universo inglês, mesmo quando eventualmente favorável à figura do índio, jamais promoveu um projeto de integração. O índio permaneceu um estranho – aliado ou inimigo – mas sempre estranho.

As duas Companhias não durariam muito. Em 1624 a Companhia de Londres teria sua licença caçada. Igual destino teve a Companhia de Plymouth em 1635, ambas com grandes dívidas.

Apesar dos fracassos, a colonização tinha ganhado um impulso que não cessaria. As dificuldades foram imensas. Só para se ter uma ideia de quantos obstáculos havia, 144 colonos tinham partido para a fundação de Jamestown. Apenas 105 colonos desembarcaram e, passados alguns meses, a fome mataria outra parcela importante desta comunidade. A fome inicial era tanta, que cães, gatos e cobras foram utilizados como alimentos e um colono foi acusado de fatiar o corpo da sua esposa falecida e utilizá-lo para alimentar-se. Não bastassem todos estes problemas, havia ainda traições e ataques de índios. George Kendall, por exemplo, foi o primeiro inglês executado por espionagem na Virgínia acusado de trabalhar secretamente para o rei da Espanha. Era um começo muito difícil.

As 13 colônias originais

Nome	Fundada por	Ano
Virgínia	Companhia de Londres	1607
New Hampshire	Companhia de Londres	1623
Massachusetts (Plymouth)	John Mason e outros separatistas puritanos	1620-1630
Maryland	Lord Baltimore	1634
Connecticut	Emigrantes de Mass	1635
Rhode Island	Roger Williams	1636
Carolina do Norte	Emigrantes da Virgínia	1653
Nova York	Holanda	1613
Nova Jersey	Barkeley Carteret	1664
Carolina do Sul	Nobres ingleses	1670
Pensilvânia	William Penn	1681
Delaware	Suécia	1638
Geórgia	George Oglethorpe	1733

QUEM VEIO para a América do Norte?

Como vimos anteriormente, o processo de êxodo rural na Inglaterra acentuava-se no decorrer do século XVII. Esse processo inundava as cidades inglesas de homens sem recursos. A ideia de uma terra fértil e abundante, um mundo imenso e a possibilidade de enriquecer a todos era um poderoso ímã sobre essas massas.

Naturalmente as autoridades inglesas também viam com simpatia a ida desses elementos para lugares distantes. A colônia serviria, assim, como receptáculo de tudo o que a metrópole não desejasse. (A ideia de que para a América do Norte dirigiu-se um grupo seleto de colonos altamente instruídos e com capitais abundantes é, como se vê, uma generalização incorreta.)

A própria Companhia de Londres declarara, em 1624, que seu objetivo era: "a remoção da sobrecarga de pessoas necessitadas, material ou combustível para perigosas insurreições e assim deixar ficar maior fartura para sustentar os que ficam no país". Ao contrário de Portugal, nação de pequena população, a Inglaterra já vivia problemas com seu crescimento demográfico no momento do início da colonização dos Estados Unidos. Portugal sofreu imensamente com o envio dos contingentes de homens para o além-mar. A Inglaterra faria da colonização um meio de descarregar no Novo Mundo tudo o que não fosse mais desejável no Velho.

Em 1620, por exemplo, a Companhia de Londres trazia cem órfãos para a Virgínia. Da mesma maneira, mulheres eram transportadas pelas companhias para serem, literalmente, leiloadas no Novo Mundo. É natural concluir que essas mulheres, dispostas a atravessar o oceano e serem vendidas na América como esposas, não eram integrantes da aristocracia intelectual ou financeira da Inglaterra.

Nesse universo de colonos, torna-se lógico concluir que nem todos podiam pagar o alto preço de uma passagem para a América. Este fator, combinado à necessidade de mão de obra, fez surgir uma nova forma de servidão nas colônias: *indenturent servant*. Esta servidão consistia em prestar alguns anos de trabalho gratuito à pessoa que se dispusesse a pagar a passagem do imigrante. O transporte desses servos era feito sob condições tão difíceis que houve quem o comparasse ao tráfico de escravos africanos. A mão de obra "servil" constituiria durante todo o século XVII a absoluta maioria de trabalhadores brancos nas colônias inglesas.

Nem todos os servos eram voluntários para essa situação. Uma dívida não saldada poderia também reduzir o devedor a este trabalho forçado no período de, geralmente, sete anos. Raptos de crianças na Inglaterra para vendê-las como empregadas na América, prática muito comum no século XVII, eram outra fonte de servidão.

Mesmo entre os servos que aceitavam o contrato de servidão para o pagamento da passagem a situação não era tranquila. Ao longo do século XVII ocorrem várias rebeliões de servos na América do Norte, reivindicando melhores condições de vida.

As imagens da chegada dos peregrinos puritanos à América do Norte sempre reforçam as ideias de sacrifício, virtude e coragem.

OS PEREGRINOS e a Nova Inglaterra

No entanto, nem só de órfãos, mulheres sem outro futuro e pobres constituiu-se o fluxo de imigrantes para as colônias. Há, minoritariamente, um grupo que a história consagraria depois como os "peregrinos" (*pilgrims*).

Como vimos no capítulo anterior, a perseguição religiosa era uma constante na Inglaterra dos séculos XVI e XVII. A América seria um refúgio também para esses grupos religiosos perseguidos. Um desses grupos que chegou a Massachusetts em 1620 tinha como líderes John Robinson, William Brewster e William Bradfort, indivíduos religiosos e com formação escolar desenvolvida.

Ainda a bordo do navio que os trazia, o *Mayflower*, esses peregrinos firmaram um pacto estabelecendo que seguiriam leis justas e iguais. Este documento é chamado "Mayflower Compact" e foi assinado por 41 homens.

A chegada ao território que hoje é Massachusetts não foi fácil. O navio aportou mais ao Norte do que se imaginava. O clima era frio, muito mais do que a Inglaterra. O primeiro ano dos colonos foi muito difícil, ocorrendo muitas mortes.

No início do inverno seguinte, em 1621, os sobreviventes decidiram comemorar uma festa de Ação de Graças (*Thanksgiving*). Os colonos utilizaram sua primeira colheita de milho, já que a plantação de trigo europeu tinha falhado, e convidaram para a festa o chefe Massasoit, da tribo Wampanoag, que os havia auxiliado desde a sua chegada. O cardápio foi reforçado com uma ave nativa, o peru, e tortas de abóbora. Desde então, os norte-americanos repetem, no mês de novembro, a festa de Ação de Graças, reforçando a ideia de que eles querem ter os "pais peregrinos" de Massachusetts como modelo de fundação.

Esses "pais peregrinos" (*pilgrim fathers*) são, de certa forma, os fundadores do que mais tarde formaria os Estados Unidos. Não são os pais de toda a nação, são os pais da parte "WASP" (em inglês, *white anglo-saxon protestant*, ou seja, branco, anglo-saxão e protestante) dos EUA. Em geral, a historiografia costuma consagrá-los como os modelos de colonos. E o *Mayflower* é erroneamente tomado como símbolo de todos os navios que aportaram na América.

Estes "puritanos" (protestantes calvinistas) tinham em altíssima conta a ideia de que constituíam um "novo Israel": um grupo escolhido por Deus para criar uma sociedade de "eleitos". Em toda a Bíblia procuravam as afirmativas de Deus sobre a maneira como Ele escolhia os seus e as repetiam com frequência. Tal como os hebreus no Egito, também eles foram perseguidos na Inglaterra. Tal como os hebreus, eles atravessaram o longo e tenebroso oceano, muito semelhante à travessia do deserto do Sinai. Tal como os hebreus, os puritanos receberam as indicações divinas de uma nova terra, e, como veremos adiante, são frequentes as referências ao "pacto" entre Deus e os colonos puritanos.

Diante de uma desgraça, como a seca de 1662 na Nova Inglaterra, os puritanos ainda encontravam novos paralelos com a Bíblia: Deus também castigara os judeus quando estes foram infiéis ao pacto.

Deus salva a poucos, como os pregadores puritanos costumavam afirmar. Fiéis à tradição dos reformistas Lutero e Calvino, a predestinação era uma ideia forte entre eles. Óbvio que os puritanos estavam entre os poucos que se salvavam.

Para manter sua identidade, seu sentimento de grupo, os puritanos exerceram um controle muito grande sobre todas as atividades dos indivíduos. Esse controle foi realmente forte, a ponto de hoje ainda empregarmos o adjetivo puritano para todas as pessoas que vivem controlando-se e controlando os outros, em especial no universo sexual. Esse controle nascia exatamente da necessidade de manter a unidade e a coesão do grupo.

A população das colônias crescia rápido, passando de 2 500 pessoas em 1620 (sem contar índios) para três milhões um século depois. Neste grande contingente, embrião do que seriam os Estados Unidos, misturam-se inúmeros tipos de colonos: aventureiros, órfãos, membros de seitas religiosas, mulheres sem posses, crianças raptadas, negros e africanos, degredados, comerciantes e nobres. Tomar, assim, os peregrinos protestantes como padrão é um equívoco grave.

EDUCAÇÃO e Religião

A educação formal, na escola, adquiriu nas colônias uma forma toda especial. A existência de protestantes colaborou para isto. Ora, uma das causas da reforma protestante na Europa era justamente a defesa da livre interpretação da Bíblia. Para poder livremente interpretá-la, é necessário que seja lida por todas as pessoas. Para ser lida é necessário que a Bíblia deixe de ser exclusivamente em latim e tenha suas interpretações retidas pelo monopólio do clero católico. Lutero havia traduzido a Bíblia para o alemão; e não faltaram várias edições da Bíblia também em inglês.

Esta preocupação leva a medidas bastante originais no contexto das colonizações da América. É certo que em toda a América espanhola houve um grande esforço em prol da educação formal. A universidade do México havia sido fundada em 1553. No entanto, um sistema tão organizado de escolas primárias e a preocupação de que todos aprendessem a ler e escrever estão muito mais presentes nas colônias inglesas do que nas ibéricas.

Em 1647, Massachusetts publica uma lei falando da obrigação de cada povoado com mais de cinquenta famílias em manter um professor. O texto desta lei torna-se interessante por suas justificativas:

> Sendo um projeto principal do Velho Satanás manter os homens distantes do conhecimento das Escrituras, como em tempos antigos quando as tinham numa língua desconhecida [...] se decreta para tanto que toda municipalidade nesta jurisdição, depois que o Senhor tenha aumentado sua cifra para cinquenta famílias, dali em diante designará a um dentre seu povo para que ensine a todas as crianças que recorram a ele para ler e escrever, cujo salário será pago pelos pais, seja pelos amos dos meninos seja pelos habitantes em geral [...].

É importante notar que os documentos sobre educação nas colônias inglesas apresentam um caráter religioso, mas não clerical. As propostas são, na verdade, leigas. A educação será feita e paga por membros da comunidade.

Um grupo que se pretendia eleito por Deus deveria preocupar-se também com a educação superior. As instituições de caráter superior faziam parte desta preocupação com a religião, já que se destinavam notadamente à formação de elementos para a direção religiosa das colônias.

Os estatutos da Universidade de Yale, datados de 1745, estabelecem alguns elementos interessantes para a compreensão dos projetos educacionais dos colonos.

Para ser admitido na universidade era necessário ter capacidade de ler e interpretar Virgílio e trechos em grego da Bíblia, escrever em latim, saber aritmética e levar uma vida "inofensiva".

Os pupilos deveriam levar vida religiosa e de acordo com "as regras do Verbo de Deus, lendo assiduamente as Sagradas Escrituras, a fonte da luz e da verdade, e atendendo constantemente a todos os deveres da religião tanto em público como em segredo".

O presidente deveria rezar no auditório da universidade toda manhã e toda tarde, lendo trechos da Sagrada Escritura. Os alunos que faltassem ou chegassem atrasados às aulas pagariam multas e

Um grupo que se pretendia eleito por Deus preocupava-se também com a educação superior. Universidade de Harvard, Cambridge, Massachusetts, 1682.

receberiam advertências. Quem praticasse os crimes de fornicação, furto e falsificação seria imediatamente expulso. Blasfêmias, opiniões errôneas sobre a Bíblia, difamação, arrombamento da porta de um colega, jogar baralho ou dados na universidade, praticar danos ao prédio, falar alto durante o estudo, portar revólver ou vestir-se inadequadamente poderiam resultar em advertência, multa ou expulsão, conforme a gravidade do ato.

Em todos os documentos sobre educação há a mesma preocupação: o conhecimento das coisas relativas à religião. Do ensino primário ao superior, o conhecimento da Bíblia parece ter orientado todo o projeto educacional das colônias inglesas. Quando Samuel Davies escreve sobre as *Razões para fundar universidades*, insiste na necessidade de formar líderes religiosos para uma população que crescia sem parar. Nesse texto, de 1752, o autor argumenta que "a religião deve ser a meta de toda a instrução e dar a esta o último grau de perfeição".

Com esta preocupação, não é difícil imaginar o surgimento de várias instituições de ensino superior nas 13 colônias. Até 1764, estabeleceram-se nas colônias sete instituições de ensino superior.

Harvard (1636) – Massachusetts
William and Mary (1693) – Virgínia
Yale (1701) – Connecticut
Princeton (1746) – Nova Jersey
Universidade da Pensilvânia (1754) – Pensilvânia
Colúmbia (1754) – Nova York
Brown University (1764) – Rhode Island

No século XVIII, essas instituições foram influenciadas pelo pensamento ilustrado. Não sem oposições, as teses de Newton e Locke constavam nas bibliotecas das colônias. Muitos alunos das famílias abastadas iam estudar na Europa. Da França e da Inglaterra partiam livros e ideias para a América.

O grande interesse pela educação tornou as 13 colônias uma das regiões do mundo onde o índice de analfabetismo era dos mais baixos. Apesar das variações regionais (o sistema educacional da Nova Inglaterra era melhor do que em outras áreas) e raciais (poucos negros eram alfabetizados), as 13 colônias tinham um nível de educação formal bastante superior à realidade dos séculos XVII e XVIII.

A situação religiosa da Inglaterra era marcada pela diversidade quando da colonização da América do Norte. Essa diversidade colaborou para o que chamamos de um pensamento mais "moderno" na Inglaterra e, posteriormente, nas 13 colônias.

É necessário também esclarecer alguns pontos relativos a essa modernidade religiosa. Afirmamos inicialmente que a diversidade colabora para um pensamento mais moderno. Isto corrobora-se porque, exatamente, o pensamento pré ou não moderno caracteriza-se por uma forma única, pela totalidade. O pensamento que chamamos de moderno convive com diversas possibilidades.

Imaginem uma cidade no México colonial. Lá todos são católicos e só encontramos igrejas católicas. Em toda a colônia a missa é rezada com o mesmo ritual romano, na mesma língua e por um grupo que, em traços gerais, teve uma formação semelhante:

os padres. Todo o ensino está nas mãos da Igreja e a noção de Deus é igual por toda a colônia. As diversidades são consideradas crime e a heresia, punida com a Inquisição.

Imaginem agora as aldeias e cidades das colônias inglesas. A diversidade da Inglaterra chega com toda a força às colônias. Aqui puritanos, lá batistas, mais adiante *quakers*, por vezes também católicos, além de uma infinidade de pequenas seitas protestantes também de outras partes da Europa. Unidade? Genericamente, todos acreditam em Jesus. Daí por diante o caleidoscópio muda de forma com grande variação.

É natural também imaginar a dificuldade de absolutizar as posições religiosas deste universo. O confronto permanente com outras formas de crença obriga o crente ou a radicalizar suas posições (e, por vezes, isto aconteceu) ou a assumir de forma mais crítica sua fé.

As posições protestantes implicam também outro efeito: a leitura individual da Bíblia. Em permanente processo de reciclagem pessoal das narrativas bíblicas, o protestante cria uma relação diferente com o sagrado. O institucional (a igreja estabelecida) diminui sua importância diante do pessoal. A importância de ler a Bíblia determina até, como vimos, um impulso educacional forte nas colônias.

Mais uma vez as comparações. Imaginemos um comerciante peruano do período colonial que só conhece da Bíblia o que a Igreja oficial comenta. Sua experiência religiosa liga-se à Igreja, à vivência oficial de sua fé (missas, batizados etc.) – é regulada pela Igreja. Imaginemos agora um comerciante protestante. Ele lê sua Bíblia em inglês, sozinho ou com a família. Assiste a cultos, matricula seus filhos nas escolas que a comunidade mantém, com aulas ministradas por um membro da comunidade. Concluiremos, é claro, que estas duas posturas diferentes diante da religião implicam duas formas diferentes de conviver com o sagrado.

OS PURITANOS de Massachusetts

A colônia de Massachusetts recebera puritanos descontentes com a Igreja inglesa. Sua disposição era contrária à tolerância religiosa que caracterizava outros grupos protestantes. Na colônia, estes puritanos de influência calvinista acreditavam numa Igreja forte que tivesse poderes civis.

Para a construção dessa Igreja-Estado tomaram-se várias providências. Primeiro estabeleceu-se que somente os membros da Igreja Puritana poderiam votar e ter cargos públicos. Depois tornou-se obrigatória a presença na Igreja para as cerimônias, fato que não acontecia no resto das igrejas protestantes. Todos os novos credos deveriam ser aprovados pela Igreja e pelo Estado. Por fim, estabeleceu-se que Igreja e Estado atuariam juntos para punir as desobediências a estas e outras normas. Essa colônia aproximava-se, dessa forma, dos ideais católicos da teocracia.

O demônio ataca: o surto de Salem

Um dos fatos mais significativos derivado do ideal de Igreja-Estado foi a perseguição às bruxas. O autoritarismo de uma religião que se pretendia única desencadearia, naturalmente, na perseguição de todas as formas de contestação – fossem reais ou imaginárias.

As acusações de bruxaria, uma constante em todo o mundo cristão da época, existiam desde o início da colonização. No entanto, um surto de feitiçaria como o de Salem, em 1692, assumia proporções inéditas. Neste ano um grupo de adolescentes acusou várias pessoas de enfeitiçá-las. O processo acabou envolvendo vários membros da comunidade, entre homens e mulheres.

A cidade de Salem viveu uma verdadeira histeria coletiva. Havia surtos frequentes: moças rolavam gritando, caíam doentes sem causa aparente, não conseguiam acordar pela manhã, animais morriam, árvores cheias de frutos secavam.

As razões, no entender dos habitantes de Salem, só poderiam ter ligação com uma ação demoníaca.

Uma carta de um contemporâneo, em 1692, traz um panorama interessante sobre esses processos de feitiçaria que se passavam então. Alguém era acusado de feitiçaria e comparecia diante do juiz. O juiz fazia o acusado e as vítimas (as moças aflitas, como eram usualmente chamadas), ficarem frente a frente. Era comum

Imagem idealizada dos julgamentos de Salem. Enquanto a moça depõe, raios caem do céu.

as moças terem novo ataque histérico diante do suposto feiticeiro. Os acusados eram enviados à prisão. A acusação caía sobre gente de todas as categorias sociais, pessoas que, muitas vezes, gozavam da confiança da comunidade há anos.

O acusado era examinado. Havia uma crença generalizada de que a associação com o demônio produzia marcas no corpo: um tumor, uma mancha, regiões que não sangravam, polegar deformado. Submetidos a tratamentos "especiais", muitos acusados acabavam confessando que, de fato, estavam associados ao demônio e realizavam feitiços contra a comunidade.

A histeria das feiticeiras não seria possível sem as ardentes pregações de pastores como Cotton Mather. Esse pastor, nascido em Boston, escreveu o livro *As Maravilhas do Mundo Invisível*, em que o leitor é levado a conhecer as grandes forças maléficas que agem sobre o mundo.

Os processos de Salem já receberam várias explicações. Algumas, de caráter mais psicológico, lembram as tensões entre mães e filhas, estas fazendo coisas que não poderiam normalmente fazer e alegando estarem enfeitiçadas. Em outras palavras, alegando o poder do demônio, uma jovem poderia gritar com sua mãe ou mesmo ficar nua! Afinal, era tudo obra do demônio... A moral puritana de oração e trabalho era tão forte que os jovens não podiam, por exemplo, praticar esportes de inverno como patinar, pois isto era considerado imoral. Assim, diante desta vida dura, uma possessão passou a ser uma boa saída.

Outras explicações remetem às tensões internas das colônias – entre as principais famílias – em que acusar o membro de uma família rival de bruxo ou bruxa tinha um grande peso político. Por fim, sem esgotar as explicações, há de se levar em conta todas as frustrações das comunidades protestantes no Novo Mundo, onde o sonho de uma comunidade perfeitamente construída de acordo com as leis de Deus e da Bíblia não havia se realizado. Os pastores puritanos viram no aparente surto de feitiçaria uma maneira de recuperar o controle e o entusiasmo do grupo. Os habitantes de Massachusetts haviam se dado conta de que não apenas a Bíblia e as boas intenções haviam atravessado o oceano, mas todas as suas mesquinharias, maledicências e tensões entre vizinhos. Melhor seria, assim, atribuir estes problemas ao demônio e a seus seguidores.

OS QUAKERS da Pensilvânia

Além dos puritanos, as colônias receberam outros grupos religiosos como os *quakers* (ou sociedades de amigos), o grupo mais liberal que surgiu com a Reforma. Tratar-se por "tu", sem nenhum título, sendo cada homem sacerdote de si mesmo, eis um dos princípios dos *quakers* que valeu até a admiração do pensador Voltaire em seu *Dicionário filosófico*.

Ao iniciarem sua pregação no Novo Mundo os *quakers* encontraram grande oposição dos líderes puritanos. Alguns foram até mortos como subversivos, ao mesmo tempo em que suas ideias encontravam eco entre os desencantados com a rígida disciplina puritana.

A experiência *quaker* no Novo Mundo foi solidificada quando William Penn estabeleceu uma grande colônia para abrigá-los: a Pensilvânia.

A Pensilvânia não era apenas um local para refúgio dos *quakers,* mas também de todas as religiões que desejassem viver em liberdade e paz. O próprio Penn referia-se a esse fato como "a santa experiência".

Nascido em Londres, em 1644, Penn era filho do conquistador da Jamaica, W. Penn. Em Oxford, converteu-se aos *quakers* após ouvir um animado sermão de Thomas Loe. Há nas ideias de Penn e dos *quakers* princípios anarquistas. Penn gostava de dizer: "*No cross, no crown*" (nem cruz, nem coroa). Perseguido por suas ideias na Inglaterra, Penn desejou estabelecer uma comunidade modelo na América, obtendo então uma vasta extensão de terra a oeste do rio Delaware.

Oferecendo terras gratuitas e a garantia de liberdade religiosa, Penn atraiu grande quantidade de colonos da Europa e das outras colônias inglesas. Gente de todas as partes da Europa viu nas propostas de Penn uma nova oportunidade. Dentre eles, por exemplo, alemães da pequena seita menonita rumaram para a América e lá fundaram Germantown.

Descrevendo os *quakers*, em 1696, o próprio Penn escreveu que Deus ilumina cada homem sobre sua missão. Por isso, os *quakers* insistem em expressões do tipo: "luz de Cristo dentro de cada homem" e "luz interior". Com estes princípios, Penn defendia a grande liberdade religiosa, tendo em conta que Deus pode falar de maneiras variadas a cada homem.

No início do século XVIII, Filadélfia, capital da Pensilvânia, era uma das maiores cidades das colônias inglesas e também uma das mais alfabetizadas. Um viajante a descreve em 1748:

> Todas as ruas, exceto as que estão mais próximas do rio, correm em linha reta e formam ângulos retos nos cruzamentos. A maior parte das ruas está pavimentada... As casas têm boa aparência, frequentemente são de vários pisos... A cada ano se montam duas grandes feiras, uma em 16 de maio, outra em 16 de novembro. Além destas feiras, a cada semana há dois dias de mercado, às quartas e sábados. Nesses dias, gente do campo da Pensilvânia e Nova Jersey traz à cidade grande quantidade de alimentos e outros produtos do campo...

A experiência de Penn funcionou, de fato, enquanto seu fundador esteve à frente dela. Os problemas da Pensilvânia longe do governo pessoal de William Penn revelaram-se grandes. Choques entre as seitas, tentativa de diminuir a liberdade religiosa e outros problemas aconteciam, perturbando o ideal primeiro de Penn. No entanto, mesmo que ao longo do século XVIII a Pensilvânia em pouco se diferenciasse das outras colônias, permaneceu sendo um dos locais de maior tolerância religiosa do mundo.

No século XVIII, um fenômeno chamado "grande despertar" (*great awakening*) marcou a vida religiosa das colônias.

Uma das características do movimento foi o surgimento de pregadores itinerantes. Os ministros religiosos iam de povoado em povoado pregando uma religião mais emotiva e carismática. Sermões exaltados, conversões milagrosas, entusiasmo e cantos: as pregações desses pastores atraíam os grupos cansados do formalismo da religião oficial.

O "grande despertar" foi descrito, em 1743, pelo pesquisador norte-americano J. Edwards:

> Ultimamente, em alguns aspectos, as pessoas em geral têm mudado e melhorado muito em suas noções de religião; parecem mais sensíveis ao perigo de apoiar-se em antigas experiências [...] e estão mais plenamente convencidas da necessidade de esquecer o que está atrás e pressionar para a frente, mantendo avidamente o trabalho, a vigilância e a oração enquanto vivam.

Ao valorizar a experiência pessoal da religião, o "grande despertar" estimulou o surgimento de inúmeras seitas protestantes. Mais importante ainda, este movimento procurou negar a tradição religiosa. Como vimos no documento transcrito, as pessoas devem evitar o apoio de antigas experiências e esquecer o passado. Isto colabora ainda mais para o particularismo religioso das colônias.

Além destes grupos, havia importantes comunidades católicas em Maryland e seitas menores, como os menonitas, na Pensilvânia.

Na América Ibérica, a Igreja Católica busca a unidade e torna-se, como instituição, memória permanente dos valores europeus.

Nas 13 colônias, a diversidade dos grupos protestantes colabora para romper essa memória, obrigando os colonos a construírem uma nova.

A VIDA material nas colônias

Os primeiros dados que devemos contestar nas 13 colônias são a concepção de trabalho e a realidade encontrada na América. Muito do que se tornou a economia das colônias inglesas deve-se a estes dois fatores.

Na península Ibérica os mouros e judeus tinham se dedicado a atividades como o artesanato e o comércio. O verbo "mourejar", sinônimo em português de trabalhar, é uma herança desse fato. O ideal da aristocracia ibérica era, exatamente, levar uma vida na qual o trabalho braçal não fosse uma necessidade. O trabalho braçal era considerado coisa de mouros e judeus.

O ideal católico de vida contemplativa reforçava essa ideia. As ordens religiosas católicas cuidavam para deixar aos monges o maior tempo livre possível para que se dedicassem à oração. O trabalho existia nos mosteiros, mas era usualmente visto como um castigo para o homem, pois Deus, ao expulsar Adão do Paraíso, havia anunciado que ele ganharia o "pão com o suor do rosto". O homem só passou a trabalhar quando foi expulso do Paraíso.

O mesmo não aconteceu na Inglaterra. Não houve entre os ingleses uma associação nítida entre o trabalho e os grupos considerados "inferiores". Além disso, a forte influência calvinista veio trazer um novo significado ao trabalho. O ócio é pecado, enriquecer pelo trabalho é uma obrigação do cristão, dizia o advogado francês Calvino. O trabalho não é castigo na concepção protestante; é uma bênção e o dever básico.

O mundo católico volta-se para o além: a riqueza, nessa caminhada, é inútil e desnecessária. O mundo protestante deseja ver ainda neste mundo os sinais da predestinação: o dinheiro adquirido pelo trabalho honesto é o sinal de que seu possuidor é um eleito de Deus.

Outra grande diferença seria a realidade encontrada na América espanhola e inglesa. Ao chegarem ao México e Peru, os espanhóis encontraram civilizações já estabelecidas, com imensas quantidades de ouro e prata, estrutura urbana formada, população concentrada e toda uma vida econômica da qual era possível extrair imensos ganhos.

Os ingleses não encontraram nada disso. Os índios da costa leste das 13 colônias não apresentavam riquezas fabulosas que pudessem ser imediatamente exploradas. A riqueza, no período colonial, teve de ser muito mais construída do que usufruída. Para esta construção, naturalmente, a concepção inglesa de trabalho iria colaborar.

Essa percepção leva algumas pessoas a concluírem que o mundo protestante é trabalhador e o católico preguiçoso. Nada mais errado. O que se apresenta nos dois mundos são concepções diferentes de trabalho. Os povos ibéricos foram capazes de criar obras arquitetônicas, por exemplo, muito mais desenvolvidas que as colônias inglesas do mesmo período. Os grandes esforços de trabalho no mundo ibérico católico não se voltaram, no entanto, para construir um sistema produtivo, mas para imortalizar em pedra a glória de Deus. Esse é o trabalho lícito e desejável na concepção ibérica.

Outro dado importante para entender a economia das 13 colônias é sua dupla realidade geográfica.

COLÔNIAS do norte

As colônias do norte da costa atlântica apresentam o clima temperado, semelhante ao europeu. Dificilmente esta área poderia oferecer algum produto de que a Inglaterra necessitasse.

Essa questão climática favoreceu o surgimento, único no universo colonial das Américas, de um núcleo colonial voltado à policultura, ao mercado interno e não totalmente condicionado aos interesses metropolitanos.

A agricultura das colônias setentrionais destacava o consumo interno, com produtos como o milho. O trabalho familiar, em pequenas propriedades, foi bastante comum nas colônias do norte.

Nas colônias da Nova Inglaterra (parte norte das 13 colônias) surge uma próspera produção de navios. Desses estaleiros, favorecidos

Interior de casa típica do período colonial. Massachusetts, final do século XVII.

pela abundância de madeira do Novo Mundo, saem grandes quantidades de navios que seriam usados no chamado "comércio triangular".

Esse comércio consistia, simplificadamente, na compra de cana e melado das Antilhas, que na colônia seriam transformados em rum. O rum obtinha fáceis mercados na África, para onde era levado por navios da Nova Inglaterra e trocado, usualmente, por escravos. Estes escravos eram levados para serem vendidos nas fazendas das Antilhas. Após a venda, os navios voltavam para a Nova Inglaterra com mais melado e cana para a produção de rum. Este comércio era altamente lucrativo, entre outros motivos por garantir que o navio sempre estivesse carregado de produtos para vender em outro lugar.

O comércio triangular também poderia envolver a Europa, para onde os navios levavam açúcar das Antilhas, voltando com os porões repletos de produtos manufaturados. Estabeleciam-se assim sólidas relações comerciais embasadas na próspera indústria naval das colônias da Nova Inglaterra.

O comércio triangular é muito diferente da maioria dos procedimentos comerciais do resto da América. Apesar de as leis estabelecerem limites, os comerciantes das colônias agiam com grande liberdade e seguiam mais a lei da oferta e da procura do que as leis do Parlamento de Londres. Na prática, estabeleceram um sistema de liberdade muito grande, desconhecido para mexicanos e brasileiros e intocado pela repressão inglesa até, pelo menos, 1764.

Outra atividade desenvolvida foi a pesca. Próxima a um dos maiores bancos pesqueiros do mundo (Terra Nova), as colônias da Nova Inglaterra exploraram largamente a atividade pesqueira. A venda de peles também foi importante na economia destas colônias.

COLÔNIAS do sul

As colônias do sul, por sua vez, abrigaram uma economia diferente. Seu solo e clima eram mais propícios para uma colonização voltada aos interesses europeus.

O produto que a economia sulina destacou desde cedo foi o tabaco. O tabaco implicou uma permanente expansão agrícola por ser uma planta exigente, que esgota rapidamente o solo, obrigando os colonos do sul a abrir novas áreas de cultivo. O fumo tornou-se um produto fundamental no sul. Como diz o historiador Huberman: "A vida, em todo o sul, achava-se envolta numa folha de fumo".

A falta de braços para o tabaco em pouco tempo impôs o uso do escravo. Esse trabalho escravo cresceu lentamente, posto que, como vimos, o trabalho branco servil foi predominante no século XVII.

A sociedade sulina que acompanha essa economia é marcada, como não poderia deixar de ser, por uma grande desigualdade. Como ressaltou um contemporâneo, Isaac Weld, logo após a independência:

> Os principais donos de plantações na Virgínia têm quase tudo que querem em sua própria propriedade. As propriedades grandes são administradas por

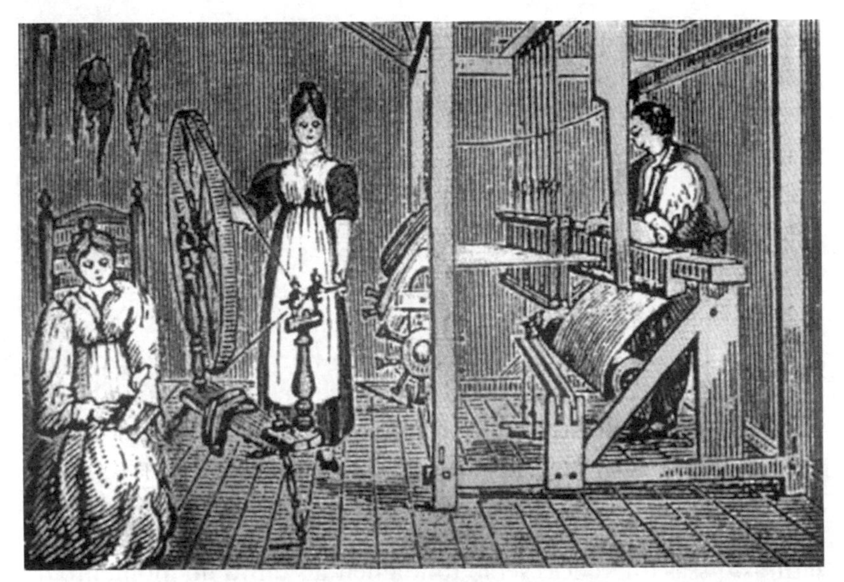

As colônias do norte estavam voltadas à policultura e ao mercado interno e não se condicionavam totalmente aos interesses da metrópole. Na ilustração: fiação e tecelagem caseiras na Nova Inglaterra.

> mordomos e capatazes, todo o trabalho é feito por escravos... Suas habitações estão geralmente a cem ou duzentas jardas (90 a 180 m) da casa principal, o que dá aparência de aldeia às residências dos donos de plantações na Virgínia.

Os capatazes que administravam as fazendas ganhavam um percentual sobre a produção. Temos acesso a muitos registros de instruções de grandes proprietários sulinos aos capatazes, com minuciosas informações sobre o trato com os negros. Por exemplo, em 1759, Richard Corbin recomenda atenção sobre os escravos homens e mais indulgência com as escravas mulheres, particularmente as que estão criando filhos.

Com esta economia mais voltada ao mercado externo, as colônias do sul resistirão mais à ideia de independência. Os plantadores meridionais das 13 colônias temiam que uma ruptura com a Inglaterra pudesse significar uma ruptura com sua estrutura econômica.

Ilustrando essa ideia, uma testemunha registrava, em 1760, como as colônias do sul dependiam da Inglaterra, afirmando que quase todas as roupas vinham de lá, apesar de o sul produzir excelentes linho e algodão. Constatava ainda, horrorizada, que apesar de as colônias estarem cheias de madeira, importam bancos, cadeiras e cômodas.

As colônias centrais teriam sua vida econômica mais ligada à agricultura, principalmente a de cereais. Últimas colônias conquistadas pela Inglaterra, predominaram nelas as pequenas propriedades e, a exemplo do norte, desenvolveram atividades manufatureiras.

Assim, podemos identificar com clareza duas áreas bastante distintas nas 13 colônias. As colônias do norte, com predominância da pequena propriedade, do trabalho livre, de atividades manufatureiras e com um mercado interno relativamente desenvolvido, realizando o comércio triangular. As colônias do sul com o predomínio do latifúndio, voltado quase que inteiramente à exportação, ao trabalho servil e escravo e pouco desenvolvidas quanto às manufaturas. Essas diferenças serão fundamentais tanto no momento da independência quanto no da Guerra Civil americana.

ÍNDIOS

Centenas de tribos indígenas habitavam a América do Norte até a chegada dos europeus. Há uma variedade enorme nestas tribos: só em línguas diferentes encontraram-se mais de trezentas.

Grupos indígenas como os cheroquis, iroqueses, algonquinos, comanches e apaches povoavam todo o território, do Atlântico até o Pacífico. Alguns outros grupos deram nomes à geografia dos EUA: Dakota, Delaware, Massachusetts, Iowa, Illinois, Missouri. Por toda a América do Norte a história dessas tribos seria profundamente modificada pela chegada dos europeus.

As opiniões dos colonos sobre os índios variaram, mas foram, quase sempre, negativas. Um dos mais antigos relatos sobre eles, em 1628, de autoria de Jonas Michaëlius, mostra bem isso:

> Quanto aos nativos deste país, encontro-os totalmente selvagens e primitivos, alheios a toda decência; mais ainda, incivilizados e estúpidos, como estacas de jardim, espertos em todas as perversidades e ímpios, homens en-

> demoniados que não servem a ninguém senão o diabo [...] É difícil dizer como se pode guiar a esta gente o verdadeiro conhecimento de Deus e de seu mediador Jesus Cristo.

Jonas Michaëlius parte de um ponto de vista europeu. Como os índios não têm uma cultura semelhante à europeia, ele os considera incivilizados. Jonas não pode ver outro tipo de civilização: vê apenas dois grupos, os que são civilizados e os que não são. Os que não são, no caso os índios, são como "estacas de jardim".

O preconceito como mostrado no documento, não foi o único dano que os ingleses causaram aos índios. Mesmo se não fossem agressivos, os europeus já seriam danosos. A imigração europeia havia introduzido na América do Norte doenças para as quais os índios não tinham defesa. As epidemias nas colônias inglesas atingiram os índios da mesma forma que nas áreas ibéricas. O sarampo matou milhares de indígenas em toda a América.

A ocupação das terras indígenas por parte dos colonos baseava-se em argumentos de ordem teológica. Os peregrinos haviam se identificado com o povo eleito que Deus conduzia a uma terra prometida. Tal como Deus dera força a Josué (na Bíblia) para expulsar os habitantes da terra prometida, eles acreditavam no seu direito de expulsar os que habitavam a sua Canaã. John Cotton, pastor puritano, fez vários sermões nos quais destacou a semelhança entre a nação inglesa e a luta pela terra prometida descrita no Antigo Testamento.

Embora o fato seja bem pouco conhecido da história norte-americana, os índios também foram escravizados. Os colonos das Carolinas, em particular, desenvolveram o hábito de vender índios como escravos. Em 1708, a Carolina do Sul contava com 1400 escravos índios. Essa prática permaneceria até a independência.

É natural imaginar uma reação indígena. A expansão agrícola por sobre áreas indígenas originou violentos ataques às terras dos colonos. No começo da colonização mais de uma aldeia inglesa foi arrasada por ataques de índios, como por exemplo a de Wolstenholme, na Virgínia.

Dos diversos tratados de paz entre colonos e índios, demarcando terras de uns e de outros, surgiu a prática das reservas indígenas, áreas que pertenceriam exclusivamente aos índios. A permanência de conflitos mesmo com os índios das "reservas" revela que estes acordos não foram cumpridos em sua totalidade.

Mais de uma vez os autores empregaram a expressão "genocídio" para caracterizar o massacre de populações indígenas na América do Norte. Isto não é incorreto nem diferente do que ocorria em todo o resto da América. A ideia europeia de colonização significou uma mortandade imensa em todo o continente americano.

Há porém uma diferença entre o genocídio ibérico e o anglo-saxão. Como já havíamos dito, a colonização inglesa não integrou o índio a seu universo. A católica pretendeu, ainda que de forma autoritária, integrar o índio.

Vejamos as diferenças de forma mais concreta. Encontramos no mundo inglês da América documentos que apoiam a mestiçagem como instrumento de evangelização e até de domínio dos índios. Em 1728, Byrd havia dito isto literalmente, afirmando que:

> todas as nações formadas por homens têm a mesma dignidade cultural, e todos sabemos que talentos muito brilhantes podem estar albergados em peles muito morenas [...] as mulheres indígenas poderiam ser esposas muito honestas dos primeiros colonos.

Da mesma forma, Peter Fontaine havia defendido a mestiçagem com as mulheres índias em vez de com as negras, em 1757.

Já nos primórdios da colonização temos um caso significativo. Em 1607 chegara a Jamestown o capitão inglês John Smith. Pouco tempo após sua chegada, foi capturado por índios. Dominando a língua indígena, tenta inutilmente convencer o chefe da tribo a não matá-lo. Quando a cabeça do capitão estava para ser esmagada pelos tacapes dos índios, a jovem Pocahontas (que então contava dez ou 11 anos) reivindica a vida do prisioneiro para si. No futuro, muitas vezes a jovem Pocahontas levaria comida até a vila faminta dos ingleses, avisaria o capitão dos ataques indígenas e tudo faria para agradá-lo. No entanto, ao contrário do que se poderia esperar, o capitão J. Smith não se casa com a jovem Pocahontas. Ele acaba voltando para a Inglaterra. Em 1614, Pocahontas aceita a fé cristã, passa a se chamar Rebeca, e casa-se com

Pocahontas aos 21 anos, já cristã e com trajes europeus.

um plantador de tabaco: John Rolfe. Em 1616 ela viaja para a Inglaterra e lá morre tentando voltar para a América.

A questão que levantamos não é sobre o casamento entre colonos ingleses e índios, é de visão de mundo – e a inglesa não incluía o índio. A maior evidência disto é a ausência de um plano de catequese, já que a religião, nos séculos XVII e XVIII, era fundamental para integrar alguém à "sociedade". As companhias que iniciaram a colonização nunca fizeram um movimento efetivo pela conversão do índio. O empreendimento foi tratado como empresa, não como epopeia. As companhias não vinham estabelecer um império em que, necessariamente, existisse a ideia de unidade.

Existem, é bem verdade, experiências puritanas de conversão do índio. Havia mesmo um colégio índio em Harvard, onde os puritanos pretendiam formar elites índias cristianizadas para atuarem próximos aos índios. Os índios deveriam estudar lógica, retórica, grego e hebraico. É fácil imaginar que o colégio não foi um sucesso enorme entre as populações indígenas. Em 1665, um índio com o complexo nome de Caleb Cheesahahteaumuck concluiu seu bacharelado no colégio. Foi o único. Nenhum outro índio conseguiu esta proeza. O colégio tornara-se um fracasso, e, em 1698, foi demolido. Houve outras experiências de conversão e catequese. Nenhuma foi para a frente. Os esforços do reverendo Eliot, que chegou a traduzir o Novo Testamento para os índios algonquinos são a exceção, não a regra.

Existem vários relatos em inglês sobre a visão do índio em relação ao homem branco. Com todas as limitações de se descrever uma invasão na língua dos invasores, esses relatos ainda assim apontam dados interessantes. Um índio descreve a chegada dos brancos:

> ... buscaram por todos os lados bons terrenos, e quando encontravam um, imediatamente e sem cerimônias se apossavam dele; nós estávamos atônitos, mas, ainda assim, nós permitimos que continuassem, achando que não valia a pena guerrear por um pouco de terra. Mas quando chegaram a nossos terrenos favoritos – aqueles que estavam mais próximos das zonas de pesca – então aconteceram guerras sangrentas. Estaríamos contentes em compartilhar as terras uns com os outros, mas esses homens brancos nos invadiram tão rapidamente que perderíamos tudo se não os enfrentássemos... Por fim, apossaram-se de todo o país que o Grande Espírito nos havia dado...

A ideia de predestinação, o ideal de empresa, tudo colaborou para tornar a mestiçagem e a catequese dos índios um fracasso. O mundo inglês conviveria com o índio, mas sem amálgama.

De várias formas os índios resistiram à violência da colonização. Uma maneira comum era fugir para o interior, estratégia que seria utilizada até o século XIX. Outra era reagir com violência à invasão. Em 1622, por exemplo, os índios atacaram Jamestown e mataram 350 colonos da Virgínia. O chefe Metacom (chamado rei Filipe pelos brancos) atacou, em 1676, os colonos da Nova Inglaterra, causando muitas mortes. Ao longo dos séculos XVII e XVIII os índios fizeram várias alianças com franceses contra os ingleses.

É importante dizer, por fim, que nem todos os colonos tinham o mesmo grau de agressividade contra os índios. Grupos *quakers* e menonitas recusavam a violência contra índios e também a violência da compra de escravos negros. Porém, *quakers*, menonitas, católicos e puritanos ocupavam igualmente as terras que foram, originalmente, dos índios.

NEGROS

O primeiro carregamento de escravos negros chegou à Virgínia em 1619, trazido por holandeses. Em 1624, em Jamestown, o primeiro menino negro nascia em solo americano. Era William Tucker, filho de africanos e oficialmente o primeiro afro-americano.

Em duas décadas a escravidão estava presente em todas as colônias e havia uma legislação específica para ela. A escravidão negra concorria com a servidão branca, mas o contato dos mercadores das colônias com as Antilhas foi servindo como propaganda para o uso da escravidão. Aos plantadores, a escravidão negra foi parecendo cada vez mais vantajosa e seu número crescia bastante.

Gustavus Vassa, um nigeriano trazido para os Estados Unidos como escravo e batizado com nome cristão, em 1794, descreve a terrível travessia do Oceano que os negros enfrentavam. Em navios superlotados, a mortalidade era alta. Alimentação escassa e chicote abundante eram responsáveis pelo crescimento dessa mortalidade. Os que sobreviviam à travessia eram vendidos nos mercados da América. A impressão desta venda é descrita por Vassa, ele próprio tendo sido leiloado na chegada:

> Nos conduziram imediatamente ao pátio... como ovelhas em um redil, sem olharem para idade ou sexo. Como tudo me era novo, tudo o que vinha causava-me assombro. Não sabia o que diziam, e pensei que esta gente estava verdadeiramente cheia de mágicas... A um sinal de tambor, os compradores corriam ao pátio onde estavam presos os escravos e escolhiam o lote que mais lhes agradava. O ruído e o clamor com que se fazia isto e a ansiedade visível nos rostos dos compradores serviam para aumentar muito o terror dos africanos... Desta maneira, sem escrúpulos, eram separados parentes e amigos, a maioria para nunca mais voltarem a se ver.

Muitos autores costumam considerar a escravidão norte-americana como a mais cruel que a América registrou. É extremamente difícil fazer uma comparação de ordem moral (melhor/pior) entre as formas que a escravidão africana conheceu na América. O historiador norte-americano, Frank Tannenbaum, diz que a escravidão em áreas anglo-saxônicas fez parte de um mundo moderno, com relações sociais individualistas e um sistema jurídico baseado nas leis anglo-saxônicas. Isso faria do escravo mais um objeto do que um ser humano. O escravo negro em zona ibérica faria parte de uma sociedade paternalista e fundamentada no Direito Romano, o que o tornaria um elemento da base da sociedade, mas ainda assim, um ser humano. O quanto essas diferenças de fato foram sentidas pelos escravos; qual o melhor chicote ou o trabalho menos árduo são questões que ainda merecem maiores pesquisas.

Leis votadas na Virgínia, em 1662, determinavam que a condição de escravo fosse dada pela mãe. Dessa forma, o filho de pai inglês e mãe africana seria escravo. Pouco tempo depois, outra questão importante é tratada pela assembleia da Virgínia, que decide que os escravos batizados permanecem escravos. O interessante é colocar a hipótese de amos piedosos batizarem seus escravos. A conversão dos escravos não era, então, obrigatória como nas áreas ibéricas. Integrar ou não o escravo negro ao universo cristão, impor-lhe ou não o batismo era um ato de piedade que dependia do proprietário.

Em outubro de 1669 uma nova lei sobre escravos determina que se um escravo vier a morrer em consequência dos castigos corporais impostos pelo capataz ou por seu amo, não será considerado isto "delito maior, mas se absolverá o amo". A lei continua com lógica implacável: matar o escravo não é ato intencional, posto que ninguém, intencionalmente, procura destroçar "seus próprios bens". Esta lei revela a "reificação" (tornar coisa) do escravo na legislação colonial.

No século XVIII, a legislação sobre os escravos se desenvolve bastante, acompanhando o próprio aumento da escravidão no sul das 13 colônias. Um código escravista da Carolina do Sul faz nesta época (1712) um amplo conjunto de leis se referindo à vida dos escravos, verdadeiro retrato da escravidão nas áreas coloniais inglesas.

Neste código havia uma proibição de os negros saírem aos domingos para a cidade a fim de evitar ajuntamentos de negros nas cidades da Carolina. Nenhum escravo poderia portar armas de qualquer espécie. Recomendava-se rigor aos juízes que tratassem de crimes cometidos por escravos, especialmente se o crime

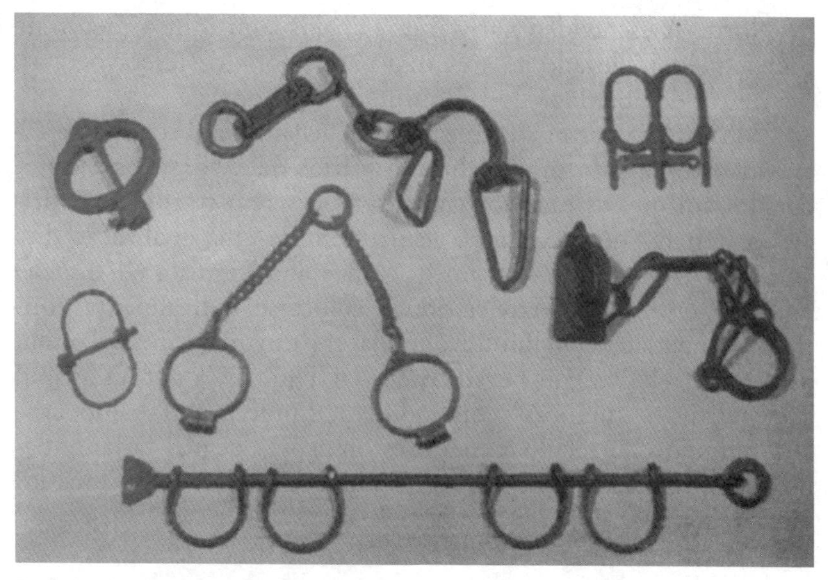

Para uma parte importante da população, o sonho do Novo Mundo foi esse: o pesadelo dos instrumentos para punir escravos.

fosse de rebelião coletiva contra a autoridade instituída. A escravidão havia, assim, crescido a ponto de a revolta dos escravos tornar-se um pesadelo para o mundo branco.

Naturalmente, diante da violência da escravidão, os negros resistiram de várias maneiras. O historiador norte-americano Aptheker retrata algumas formas de resistência: lentidão no trabalho, doenças fingidas, maus-tratos aos animais da fazenda, fugas, incêndios, assassinatos (especialmente pelo veneno), automutilações, insurreições etc. Em 1740 os escravos tentaram, em Nova York, envenenar todo o abastecimento de água da cidade.

Apesar de os escravos no conjunto da população das colônias não ultrapassarem os 20%, em áreas como a Carolina do Sul eram a maioria da população. É justamente nessas áreas que o medo de uma rebelião generalizada aparecia.

Entre 1619 e 1860, cerca de 400 mil negros foram levados da África para os Estados Unidos. Ao fim da época colonial, havia cerca de meio milhão de escravos nas colônias inglesas da América do Norte. A escravidão não sofreria abalos com o movimento de independência, levado adiante, em parte, por ricos escravocratas. Os ventos de liberdade de 1776 tinham cor branca...

Muitos autores norte-americanos chegaram a discutir se a escravidão tinha sido mesmo brutal. Vários deles, brancos é claro, concluíram que os escravos ganharam ao serem trazidos da África por terem sido batizados e usufruírem de uma civilização dita "superior". No século XIX, um romance abolicionista (*A Cabana do Pai Thomás*) de Harriet Stowe coloca-se radicalmente contra a escravidão, concluindo que ela era um mal em si. Porém, para poder elogiar um negro como Pai Thomás, a autora atribui a ele virtudes "brancas" como ordem, limpeza e trabalho cristão. Somente no século XX autores brancos e negros fariam análises da presença do negro nos Estados Unidos com princípios menos racistas.

POPULAÇÃO

Um dos primeiros fatos no século XVIII que saltam aos olhos é o grande crescimento da população. Em 1700, 250 mil pessoas habitavam as 13 colônias. Na época da independência, esse número havia subido para dois milhões e meio. As fontes desse crescimento são a imigração e o desenvolvimento natural da população.

A imigração aumentava bastante no início do século XVIII. A devastadora Guerra da Sucessão Espanhola havia empurrado grandes massas da Europa para a América. Um desses grupos estava constituído pelos alemães da região do Palatinado, chegando em tão grande número que preocuparam os colonos de origem inglesa. Em 1751, escrevia B. Franklin:

> Por que permitimos aos alemães do Palatinado encher nossas comunidades e estabelecer sua língua e costumes até expulsar as nossas? Por que vamos converter a Pensilvânia, que foi fundada por ingleses, numa colônia de estrangeiros que são tão numerosos que nos germanizarão em lugar de eles se anglicizarem?

Além dos alemães, chegaram também muitos escoceses e irlandeses. Os franceses protestantes também constituíram um significativo grupo de imigrantes no século XVIII. Perseguidos na França, foram para a América tornaram-se responsáveis pelo crescimento da indústria da seda nas colônias.

Um dos efeitos desta grande leva de imigrantes não ingleses foi colaborar para o afastamento das colônias americanas de sua metrópole. Constituía-se, assim, um novo mundo, com valores diversos dos ingleses.

Em 1754, a Virgínia era a mais povoada das colônias inglesas na América, com 284 mil habitantes, seguida por Massachusetts e Pensilvânia, respectivamente com 210 mil e 206 mil habitantes.

Às vésperas da independência, as maiores cidades das colônias eram:

Filadélfia: 40 mil habitantes
Nova York: 25 mil habitantes
Boston: 16 mil habitantes
Charleston: 12 mil habitantes.

(Obs.: no mesmo período a cidade do México tinha 70 mil habitantes).

Nas cidades, a elite comerciante era o grupo mais importante. Comparativamente à Inglaterra do mesmo período, havia menos pobres nas cidades da América.

No entanto, a maioria da população das 13 colônias era rural. No norte, havia um predomínio das pequenas propriedades familiares; no sul, as grandes plantações eram mais frequentes.

VIDA cotidiana

A família das colônias em muito se assemelhava às famílias europeias. Havia uma média de sete filhos por casa, com uma alta taxa de mortalidade infantil. A autoridade residia no pai, mas todos os membros da família deveriam trabalhar.

As mulheres tinham trabalhos dentro e fora de casa. Por suas mãos a família se vestia, comia e obtinha iluminação, tendo em vista que tecidos, alimentos e velas eram geralmente produção caseira.

No século XVIII, as mulheres das colônias dificilmente ficavam solteiras, casando-se por volta dos 24 anos – bem mais tarde que as mulheres europeias do período. Já no século XIX o autor francês Alexis de Tocqueville notaria que as mulheres da América eram muito mais liberadas do que as europeias, expressando muito mais suas opiniões.

A história tradicional preocupou-se pouco com a vida das pessoas anônimas, guardando para si os atos dos reis e figuras notáveis. Mesmo assim, por meio de poucos documentos, podemos reconstituir uma parte desta vida cotidiana. O viajante francês Durant de Dauphiné, descreveu, por exemplo, um casamento na Virgínia de 1765:

> Havia cerca de cem pessoas convidadas, várias delas de boa classe, e algumas damas, bem vestidas e agradáveis à vista. Mesmo sendo o mês de novembro, o banquete realizou-se debaixo das árvores. Era um dia esplêndido. Éramos oitenta na primeira mesa e nos serviam carnes de todo o tipo e em tanta abundância, que, estou seguro, havia suficiente para um regimento de quinhentos homens [...].

Prossegue o cronista relatando a falta de vinho, substituído por cerveja, cidra e ponche. Temos até a receita desse ponche: três partes de cerveja, três de brandy, um quilo e meio de açúcar e um pouco de noz-moscada e canela.

O banquete começava por volta das duas da tarde e durava até noite alta. As mulheres dormiam dentro da casa e os homens pela rua e no celeiro. Quase todos pernoitavam no anfitrião e retornavam para suas casas no dia seguinte.

As mulheres brancas gozavam de boa fama entre os viajantes que visitavam a América. Lord Adam, um inglês visitando os EUA, descreve-as como diligentes, excelentes esposas e boas para criar família, em 1765.

Apesar dos elogios, as mulheres não tinham identidade legal. Sua vida transcorria à sombra do pai e do marido. O divórcio foi escasso nas colônias. A maior parte das mulheres casava-se uma única vez.

O universo puritano dividia a existência humana entre infância e idade adulta, sem intermediários. Assim, depois dos sete anos

Cozinha de colonos na Nova Inglaterra, local de encontro e intensa atividade familiar.

de idade, as crianças eram vestidas como adultos pequenos. Aprender a ler e escrever e o ofício dos pais era, basicamente, a educação que os pequenos recebiam. As crianças tinham várias tarefas na casa colonial, concebida como uma microcomunidade de trabalho.

Mesmo com o desenvolvimento do comércio e das atividades manufatureiras, grande parte da população ligava-se ao campo; a maioria dos homens, portanto, se dedicava à agricultura.

Em uma cultura prática, os objetos também são, acima de tudo, práticos. Casas geralmente pequenas, camas compartilhadas por várias crianças. Banheiro exterior à casa, poucos móveis.

As roupas eram, como já vimos, confeccionadas em casa. A sociedade puritana, em particular, vestia-se sobriamente, com tons escuros. As joias eram quase inexistentes. Quase todos os homens andavam armados, particularmente em áreas de ataques indígenas.

A vida cotidiana nas colônias inglesas da América do Norte revela uma cultura voltada à função e não à forma. Nas igrejas coloniais ibéricas, quadros ornamentados, altares cheios de detalhes, pinturas – tudo destacava uma forma opulenta que devia levar a Deus. As igrejas da América anglo-saxônica eram despojadas, com bancos para os fiéis, um local elevado para a pregação do pastor (púlpito) e um órgão. As igrejas puritanas, notadamente, tinham o destaque para o púlpito, ao contrário das católicas, que destacavam o altar.

Em um mundo que se dedicava pouco às diversões, o anglo-saxão costumava ligar trabalho e lazer. As reuniões festivas dos colonos tinham, quase sempre, um objetivo prático: construir um celeiro, preparar conservas etc. A festa misturava-se ao trabalho.

Em 1759, o clérigo britânico Burnaby descreveu Williamsburg (Virgínia) como uma cidade de duzentas casas, ruas paralelas, praça ao centro e construções de madeira. O autor destaca a simplicidade dos edifícios públicos, à exceção do palácio governamental. A cidade só ficava mais "animada" em época de assembleias, quando a população rural se destinava a ela.

Nos relatos da vida cotidiana nas colônias há um princípio prático que volta com insistência. Tanto na vida cultural como na econômica, as populações das colônias dedicaram-se pouco a atividades de especulação filosófica ou artística. Poucos documentos ilustrariam tão bem esta característica como uma carta de John Adams, em 1780. Residindo em Paris, escrevia ele:

> Eu poderia encher volumes com descrições de templos e palácios, pinturas, esculturas, tapeçarias e porcelanas – se me sobrasse tempo. Mas não poderia fazer isto sem negligenciar os meus deveres... Devo estudar política e guerra para que meus filhos possam ter a liberdade de estudar matemática e filosofia, geografia, história natural, arquitetura naval, navegação, comércio e agricultura, a fim de que deem a seus filhos o direito de estudarem pintura, poesia, música, arquitetura, estatuária, tapeçaria e porcelana.

Logo, na mentalidade de Adams, que não constitui uma exceção nas colônias, a guerra era a primeira atividade, depois viriam as atividades econômicas e, por fim, quando tudo isto estivesse feito, sobraria o espaço para a arte formal propriamente dita.

As origens da Independência

Ser ou não ser, eis a questão...
(Shakespeare – *Hamlet*)

GUERRAS e mais guerras

O final do século XVII e todo o século XVIII foram acompanhados de muitas guerras na Europa e na América. De muitas formas, essas guerras significaram o início do processo de independência das 13 colônias com relação à Inglaterra.

A primeira dessas guerras ocorreu no final do século XVII, anunciando o clima de conflitos permanentes que acompanhariam as 13 colônias durante quase todo o século XVIII. Trata-se da Guerra da Liga de Augsburgo, que, nas colônias inglesas, foi chamada de Guerra do Rei Guilherme (William).

Essa guerra foi uma reação da Inglaterra à política expansionista do rei Luís XIV da França. Inicialmente indiferente a esta política, a Inglaterra muda de atitude quando da expulsão dos protestantes franceses promovida por Luís XIV. O rei Guilherme da Inglaterra, ao subir ao trono, declara guerra à França.

Essa guerra (1688-1697) já apresenta as características dos conflitos seguintes: iniciam-se na Europa e contam, na América, com a participação dos índios. Estes, aliados dos franceses, quase tomaram Nova York, mas navios da colônia de Massachusetts impediram a investida, atacando Porto Royal, nas possessões francesas.

Ao final da guerra, o tratado entre França e Inglaterra (Tratado de Ryswick) estabeleceu a devolução de Porto Royal para os franceses, que, a essa altura, já tinha sido rebatizado como Nova

Escócia. Esse tratado mostra como os interesses dos colonos pouco importavam para a Inglaterra. Aos negociantes ingleses do tratado interessaram apenas as necessidades da Inglaterra, traçando decisões sobre o mapa das colônias sem levar em conta os interesses dos habitantes locais. Esses tratados ajudam a explicar por que, logo após as guerras coloniais, começa a se acelerar o processo de independência das 13 colônias.

A guerra seguinte é a da rainha Ana ou da Sucessão Espanhola (1703-1713). Carlos II, rei da decadente Espanha, havia morrido sem deixar herdeiros. A política de casamentos entre a realeza europeia tornava inúmeros reis sucessores em potencial. A Inglaterra apoiava a Áustria, em oposição à França, que tentava colocar no trono espanhol Filipe, neto de Luís XIV.

Durante esse conflito, as colônias inglesas enfrentaram duas frentes de batalha. Ao norte, os colonos franceses e os índios aliados. Nessa, como em todas as outras guerras, os franceses haviam seduzido, mediante promessas de territórios, algumas tribos indígenas. O mesmo aconteceu com os colonos ingleses, que também tinham aliados índios (essas promessas foram, com frequência, esquecidas após a vitória). Ao sul, a Carolina do Sul enfrentava os espanhóis da Flórida.

Nessa guerra, mais uma vez, os interesses europeus na América misturavam-se e até opunham-se aos interesses dos colonos. Os colonos do sul queriam o domínio do Mississípi; os do norte, o domínio do comércio de peles e a posse dos bancos pesqueiros da Terra Nova.

Ao enviar uma tropa de dez mil soldados para a América a fim de auxiliar os colonos, a Inglaterra acabou atrapalhando a luta das 13 colônias contra os franceses e espanhóis. O exército inglês foi acusado pelos colonos de ineficiente, corrupto e, acima de tudo, extremamente caro para a economia das colônias. Mais uma vez as guerras coloniais contribuíam para contrapor os interesses dos colonos aos interesses da Inglaterra.

Apesar desses conflitos entre os colonos e as tropas inglesas, o Tratado de Utrecht, que pôs fim à guerra, foi extremamente benéfico para as 13 colônias, particularmente para as do Norte. Os colonos adquiriram o controle da baía de Hudson e o consequente domínio sobre o comércio de peles na região. A Acádia francesa tornou-se possessão da Inglaterra e as ilhas da Terra Nova abriram-se ao domínio da pesca dos colonos ingleses, que se apossaram do lucrativo comércio de bacalhau.

Uma outra guerra, a Guerra da "Orelha de Jenkins", entre 1739 e 1742, agitou a vida na América após o conflito da Sucessão Espanhola. Aproveitando-se do ataque espanhol ao navio do capitão Jenkins (durante o qual ele havia perdido uma orelha), os colonos atacaram possessões espanholas. O ataque dirigiu-se à Flórida e, logo em seguida, à Cartagena, na atual Colômbia.

Três mil e quinhentos colonos foram comandados por oficiais ingleses nesses ataques. A febre amarela atacou-os com violência no Caribe. O fracasso da expedição, naturalmente, foi atribuído ao comando inglês. Apenas seiscentos colonos sobreviveram, aumentando o ressentimento contra o exército britânico.

Outro problema de sucessão, desta feita na Áustria, provocaria um atrito entre as nações da Europa. Trata-se da Guerra da Sucessão austríaca, entre 1740 e 1768. A Inglaterra apoiava Maria Teresa; os franceses, alegando a impossibilidade de uma mulher assumir o trono, opuseram-se a ela. Na América, esta guerra foi conhecida como Guerra do rei Jorge.

Durante a guerra, nas colônias, o forte francês de Louisbourg foi tomado por uma expedição saída de Boston. Quando foi assinado o tratado de paz (Tratado de Aix-La-Chapelle), a Inglaterra comprometeu-se a devolver o forte para a França. Mais uma vez os interesses ingleses eram sobrepostos aos interesses dos colonos. Os colonos que haviam financiado a tomada do forte, enviaram ao Parlamento as despesas de sua captura.

A Guerra do rei Jorge colaborou também para despertar o interesse da França e da Inglaterra pelo vale de Ohio, interesse que apareceria de forma bastante intensa no conflito seguinte.

Dois anos antes de começar na Europa a Guerra dos Sete Anos (1756-1763), começavam na América os conflitos nomeados de Guerra Franco-Índia. O início da Guerra Franco-Índia ligava-se exatamente às pretensões dos colonos de se expandirem sobre as áreas indígenas do Ohio.

Em junho de 1754 foi organizada uma conferência das colônias inglesas em Albany (Nova York). Pela primeira vez, de fato, surge um plano de união entre as colônias, elaborado pelo bostoniano Benjamin Franklin, como forma de dar mais força aos colonos em sua luta contra os inimigos. A ideia de uma união desagradou o governo inglês, que temia os efeitos posteriores desta união. As próprias colônias desconfiaram também dele, temendo a perda da autonomia.

A Guerra Franco-Índia e a dos Sete Anos acabaram por eliminar o império francês na América do Norte. Derrotada na Europa e na América, a França entrega para a Inglaterra uma parte de suas possessões no Caribe e no Canadá.

De muitas formas a Guerra dos Sete Anos é a mais importante de todas as guerras do século XVII. Ficou evidente o que já aparecera em outras guerras: os interesses ingleses nem sempre eram idênticos aos dos colonos da América.

A derrota da França afastou o perigo permanente que as invasões francesas representavam na América, deixando os colonos menos dependentes do poderio militar inglês para sua defesa. Além disso, os habitantes das 13 colônias tinham experimentado a prática do exército e o exercício da força para conseguir seus objetivos e haviam tido, ainda que fracamente, sentimentos de unidade contra inimigos comuns. Somando-se a esse novo contexto, a política fiscal inglesa para com as colônias, após a Guerra dos Sete Anos, alterou-se bastante, como veremos adiante. Levando em conta os argumentos apresentados, é absolutamente correto relacionar as guerras coloniais com as origens da independência das 13 colônias.

OS COLONOS vencem a guerra e perdem a paz...

Como já foi visto, a colonização inglesa da América do Norte, particularmente das colônias setentrionais, não foi feita mediante um plano sistemático. Em parte pelas características das colônias, em parte pela própria situação da Inglaterra no século XVII com suas crises internas, as colônias gozavam de certa autonomia. A metrópole, ausente e distante, raramente interferia na vida interna das colônias.

Essa situação tende a mudar no século XVIII. O sistema político inglês definira-se como uma monarquia parlamentar, o que proporcionará à Inglaterra grande estabilidade política. Participando do poder, a burguesia inglesa promove grande desenvolvimento econômico. Os séculos XVIII e XIX na Inglaterra, ao contrário da França, serão de relativa paz interna, favorecendo a expansão e o controle do Império Colonial.

A burguesia no poder inglês, contando com matéria-prima (como ferro e carvão), com vasta mão de obra e a invenção de máquinas na área têxtil, passa a concentrar trabalhadores em espaços chamados fábricas. A Revolução Industrial é, antes de mais nada, a introdução de uma nova disciplina de trabalho, explorando ao máximo a mão de obra e provocando um aumento extraordinário de produção. Esta produção, é claro, provoca uma nova busca de mercados consumidores e de maiores necessidades de matérias-primas como o algodão. Assim, na segunda metade do século XVIII, as colônias da América são vistas como importantes fontes para alimentar o processo industrial inglês.

Outro elemento que colaborou para a mudança da atitude inglesa com relação às colônias foram as guerras que vimos anteriormente. Essas guerras obrigaram a uma maior presença de tropas britânicas na América, causando inúmeros atritos. Os acordos ao final dessas guerras nem sempre foram favoráveis aos colonos. Por fim, guerras como a dos Sete Anos, mesmo terminando com a vitória da Inglaterra, implicaram altos gastos. Eram inúmeras as vozes no Parlamento da Inglaterra que desejavam ver as colônias da América colaborando para o pagamento desses gastos.

A Guerra dos Sete Anos estabelecera uma maior presença militar nas colônias. A Coroa decidiu manter um exército regular na América, a um custo de 400 mil libras por ano. Para o sustento deste exército, os colonos passariam a ver aumentada sua carga de impostos. Situação desagradável para os colonos: pagar por um exército que, a rigor, estava ali para policiá-los.

O final da Guerra dos Sete Anos também trouxe novos problemas entre colonos e índios. Vencido o inimigo francês, os colonos queriam uma expansão mais firme entre os montes Apalaches e o rio Mississipi, áreas tradicionais de grandes tribos indígenas. O resultado disto foi uma nova fase de guerra entre os índios e os colonos. Várias tribos unidas numa confederação devastaram inúmeros fortes ingleses com táticas de guerrilha. Contra essa rebelião liderada por Pontiac, os ingleses usaram de todos os recursos, inclusive espalhar varíola entre os índios.

Apesar da derrota dos índios, o governo inglês decidiu apaziguar os ânimos e, em setembro de 1763, o rei Jorge III proibiu o acesso dos colonos a várias áreas entre os Apalaches e o Mississípi. O decreto de Jorge III reconhecia a soberania indígena sobre essas áreas, afirmando também, que:

> Considerando que é justo e razoável e essencial a nosso interesse e à segurança de nossas colônias que as diversas nações ou tribos de índios como as que estamos em contato, e que vivem sob nossa proteção, não sejam molestadas ou incomodadas na posse das ditas partes de nossos domínios. [...]

Geralmente pouco considerada, a declaração de 1763 é uma causa importantíssima para a revolta colonial contra a Inglaterra. Importante, em primeiro lugar, porque fere os interesses de expansão dos colonos. Tanto os que exploravam as peles como os que plantavam fumo viam nestas ricas terras, que o decreto agora reconhecia como indígena, uma ótima oportunidade de ganho. Importante também porque representava uma mudança grande da Coroa inglesa em relação às colônias da América: o início de uma política de interferência nos assuntos internos dos colonos. O ano de 1763 marcou uma mudança na história das relações entre a Inglaterra e suas colônias.

AS LEIS da ruptura

A Inglaterra tornou-se, após a Guerra dos Sete Anos, a grande potência mundial e passou a desenvolver uma política crescente de domínio político e econômico sobre colônias.

A Lei do Açúcar (*American Revenue Act* ou *Sugar Act*), em 1764, representou outro ato dessa nova política. Esta lei, reduzia de seis para três *pence* o imposto sobre o melaço estrangeiro, mas estabelecia impostos adicionais sobre o açúcar, artigos de luxo, vinhos, café, seda, roupas brancas. Desde 1733 havia lei semelhante, no entanto os impostos sobre os produtos perdiam-se na ineficiência das alfândegas inglesas nas colônias.

O que irritava os colonos não era tanto a Lei do Açúcar, mas a disposição da Inglaterra em fazê-la cumprir. Criou-se uma corte na Nova Escócia com jurisdição sobre todas as colônias da América para punir os que não cumprissem esta e outras leis.

Além disso, a Lei do Açúcar procurava destruir uma tradição dos colonos da América: comprar o melaço para o comércio triangular onde ele fosse oferecido em melhores condições. Isso significava que a escolha nem sempre recaía sobre as ilhas inglesas do Caribe, mas também sobre as possessões francesas.

Ao indicar em sua introdução que seu objetivo era "melhorar a receita deste reino", a Lei do Açúcar torna claro o mecanismo mercantilista que a Inglaterra pretendia. No segundo século da colonização, a Coroa britânica queria fazer as colônias cumprirem a sua função de colônias: engrandecimento da metrópole. Ficava clara uma mudança na política inglesa.

Os colonos reagiram imediatamente. Um deles, James Otis, publicou uma obra denunciando as medidas e reafirmando um velho princípio inglês que os colonos invocavam para si: "taxação sem representação é ilegal". O que significa isto? Desde a Idade Média até o século XVIII a Inglaterra sofreu muitos movimentos que afirmavam este princípio: para alguém pagar um imposto (taxação) esta pessoa deve ter votado num representante que julgou e aprovou este imposto (representação). Assim foi com os burgueses que impuseram limites a Carlos I. Era este princípio tradicional da Inglaterra que Otis, no fundo, queria fazer valer para as colônias.

Além dos protestos como o de James Otis, os colonos organizaram boicotes às importações de produtos ingleses, como por exemplo às rendas para a confecção de vestidos.

No mesmo ano de 1764 o governo inglês baixa a Lei da Moeda, proibindo a emissão de papéis de crédito na colônia, que, até então, eram usados como moeda. O comandante do exército britânico na América, general Thomas Gage, sugeria e fazia aprovar no mesmo ano a Lei de Hospedagem. Esta lei determinava as formas como os colonos deveriam abrigar os soldados da Inglaterra na América e fornecer-lhes alimento.

Mais uma vez, a Lei de Hospedagem e a da Moeda revelam mudanças na política inglesa. O objetivo claro da Lei da Moeda era restringir a autonomia das colônias. A Lei da Hospedagem desejava, em última análise, tornar as colônias mais baratas para o tesouro inglês.

Porém, é somente com a Lei do Selo, de 1765, que notamos uma resistência organizada dos colonos a esta onda de leis mercantilistas. A Inglaterra estabelecia, em 22 de março de 1765, que todos os contratos, jornais, cartazes e documentos públicos fossem taxados.

A Lei caiu como uma bomba nas colônias. Foram realizados protestos em Boston e em outras grandes cidades. Em Nova York, um agente do governo inglês foi dependurado pelas calças num denominado "poste da liberdade". Um grupo chamado "Filhos da Liberdade" chegou a invadir e saquear a casa de Thomas Hutchinson, representante do governo inglês em Massachusetts.

Além de todos estes atos, foi convocado o "Congresso da Lei do Selo". Em Nova York, os representantes das colônias elaboraram a "Declaração dos Direitos e Reivindicações". Este documento é bastante interessante para avaliarmos o sentimento dos colonos, em particular da elite comerciante, às medidas inglesas.

O documento afirma sua lealdade em relação ao rei Jorge III. No entanto, invoca para as colônias os mesmos direitos que os ingleses tinham na metrópole. O documento afirma, lembrando uma tradição que remonta às ideias do filósofo inglês Locke, que nenhuma lei pode ser válida sem uma representação dos colonos na Câmara dos Comuns. Por fim, pede a Declaração que esta e outras leis que restringem o comércio sejam abolidas.

Com a Lei do Selo, a Coroa havia incomodado a elite das colônias. A reação foi grande, assustando os agentes do tesouro da Inglaterra. Houve um movimento de boicote ao comércio inglês; no verão de 1765 decaiu o comércio com a Inglaterra em 600 mil libras. Em quase todas as colônias os agentes do tesouro inglês eram impossibilitados de colocar os selos nos documentos. A reação era generalizada. Em 1766, o Parlamento inglês viu-se

O episódio do "Massacre de Boston" foi usado largamente como propaganda por parte dos adeptos da separação. *O Massacre de Boston*, gravura de Paul Revere.

obrigado a abolir a odiada lei. Os colonos haviam demonstrado sua força. A Inglaterra retrocedia para avançar mais, logo em seguida.

Um novo ministério formado na Inglaterra traria ao poder homens mais dispostos a submeter a colônia do que ceder às pressões dos colonos. O ministro da Fazenda, Charles Townshend, decretou, em 1767, medidas que foram conhecidas como Atos Townshend. Estes atos lançavam impostos sobre o vidro, corantes e chá. A Assembleia de Nova York foi dissolvida por não cumprir a Lei de Hospedagem. Foram nomeados novos funcionários para reprimir o contrabando, bastante praticado nas colônias.

O resultado destas novas leis foram novos protestos, novos boicotes e declarações dos colonos contra as medidas. As leis acabariam sendo revogadas.

No entanto, em Boston, quase ao mesmo tempo em que se deu a anulação dos Atos Townshend, um choque entre americanos e soldados ingleses tornaria as relações entre as duas partes muito difíceis. Protestando contra os soldados, um grupo de colonos havia atirado bolas de neve contra o quartel. O comandante, assustado, mandara os soldados defenderem o prédio. Os soldados acabaram disparando sobre os manifestantes. Cinco colonos morreram. Seis outros colonos foram feridos mas conseguiram sobreviver. Era 5 de março de 1770. O "massacre de Boston", como ficou conhecido, foi usado largamente como propaganda dos que eram adeptos da separação. Um desenho com a cena do massacre percorreu a colônia. O cheiro de guerra começava a ficar mais forte.

CHÁ amargo...

Mais uma vez entra em cena o chá. Mais uma vez surge o mercantilismo que a Inglaterra parece disposta a implantar nas colônias na segunda metade do século XVIII. Mais uma vez, a reação dos colonos.

Para favorecer a Companhia das Índias Orientais, que estava à beira da falência, o governo britânico lhe concede o monopólio da venda do chá para as colônias americanas.

Os colonos tinham o mesmo hábito inglês do chá. Tal como na Inglaterra, o preço da bebida vinha baixando, tornando-a cada vez mais popular. Com o monopólio do fornecimento de chá nas mãos de uma companhia, os preços naturalmente subiriam.

A reação dos colonos à lei foi, pelo menos, original. Primeiro a população procurou substituir o chá por café e chocolate para escapar ao monopólio. Além disso, na noite de 16 de dezembro de 1773, 150 colonos disfarçados de índios atacaram três navios no porto de Boston e atiraram o chá ao mar. Era a *Boston Tea Party* (Festa do Chá de Boston). Cerca de 340 caixas de chá foram arremessadas ao mar. Um patriota entusiasmado disse: "O porto de Boston virou um bule de chá esta noite..."

A reação do Parlamento inglês foi forte. Foram decretadas várias leis que os americanos passaram a chamar de "leis intoleráveis".

Nessa ilustração de Paul Revere, oficiais ingleses obrigam a América a tomar chá amargo, uma alusão à arbitrária lei britânica que concedia à Companhia das Índias Orientais o monopólio da venda do chá para as colônias americanas.

A mais conhecida delas interditava o porto de Boston até que fosse pago o prejuízo causado pelos colonos. A colônia de Massachusetts foi transformada em colônia real, o que emprestava grandes poderes a seu governador. O direito de reuniões foi restringido. A Inglaterra demonstrava que não toleraria oposições às suas leis.

No lugar da esperada submissão das colônias, a Inglaterra conseguiu com estas medidas apenas incentivar o processo de independência. A série de leis promulgadas na segunda metade do século XVIII seria a causa imediata para a progressiva união dos colonos em torno da ideia de independência.

A Ruptura e o Novo País

O que há num nome? Aquilo que chamamos rosa,
com outro nome teria um cheiro menos doce?
(Shakespeare – *Romeu e Julieta*)

ROMPER com a Inglaterra citando um inglês...

A independência das 13 colônias foi influenciada por muitos autores do Iluminismo, movimento filosófico de crítica ao poder dos reis e à exploração das colônias por meio de monopólios. Dos filósofos do mundo iluminista, um dos mais importantes para os colonos foi John Locke.

O filósofo inglês John Locke, filho de uma família protestante, nasceu em 1632. Viveu o agitado século XVII na Inglaterra e, quando Guilherme e Maria de Orange foram entronados, olhou com aprovação para o novo governo que se instalava.

As ideias de Locke estavam profundamente relacionadas com a Revolução Gloriosa inglesa, que estabeleceu o governo de Guilherme e Maria e consagrou a supremacia do Parlamento na Inglaterra. Na sua maior obra política, *Ensaio sobre* o *governo civil*, Locke parece a todo momento querer justificar os acontecimentos ingleses.

Basicamente, Locke desenvolve a ideia de um Estado de base contratual. Este contrato imaginário entre o Estado e os seus cidadãos teria por objetivo garantir os "direitos naturais do homem", que Locke identifica como a liberdade, a felicidade e a prosperidade. Para o filósofo, a maioria tem o direito de fazer valer seu ponto de vista e, quando o Estado não cumpre seus objetivos e não assegura aos cidadãos a possibilidade de defender seus direitos naturais, os cidadãos podem e devem fazer uma revolução para depô-lo. Ou seja, Locke é também favorável ao direito à rebelião. (Esse princípio de resistência à tirania justificava a revolta dos ingleses diante das medidas autoritárias dos Stuart no trono da Inglaterra.)

Tais princípios, expostos na obra de Locke, tornaram-se com o tempo parte da tradição política da Inglaterra.

Muitos ingleses que emigraram para as colônias conheciam as ideias de Locke. Os estudantes das colônias que iam para a Europa em busca das universidades, voltavam influenciados por Locke e pelos filósofos iluministas do século XVIII. Dessas e de muitas outras formas, as ideias de Locke e a política iluminista atravessavam o oceano e frutificavam nas colônias, onde encontravam terreno fértil, passando a fazer parte da tradição política também das colônias.

O filósofo inglês defendia a participação política para determinar a validade de uma lei. As leis inglesas eram votadas sem que os colonos participassem da votação. Por várias vezes os colonos recusaram-se a aceitar leis votadas por um parlamento no qual eles não tinham assento, alegando o direito de participar em decisões que os afetariam.

Na visão dos colonos, o governo inglês não procurava preservar a vida, a liberdade e a propriedade. Pelo contrário, atentava com sua legislação mercantilista contra a propriedade dos colonos e, por vezes, como no Massacre de Boston, contra a própria vida dos colonos. As palavras de Locke assumiam na colônia o papel de ideário de uma revolução:

> Quem quer que use força sem direito, como o faz todo aquele que deixa de lado a lei, coloca-se em estado de guerra com aqueles contra os quais assim a emprega; e nesse estado cancelam-se todos os vínculos, cessam todos os outros direitos, e qualquer um tem o direito de defender-se e de resistir ao agressor.
>
> (Locke. *Segundo tratado sobre o governo*)

É interessante identificarmos na declaração de independência das 13 colônias longos trechos extraídos das ideias de Locke. O filósofo inglês, ao pretender justificar um movimento em sua terra, acabou servindo de base, quase um século depois, para um movimento contra o domínio da Inglaterra, a mesma Inglaterra que Locke tanto amava.

DEEM-ME liberdade ou deem-me a morte...

Esta frase foi dita por um patriota americano: Patrick Henry ("*Give me liberty, or give me death!*"), ela representa muito do crescente estado de espírito que as leis inglesas iam provocando nas colônias.

Quando a Inglaterra começou sua política mercantilista, os colonos americanos passaram, de forma crescente, a protestar contra esses fatos.

É importante lembrar que não havia na América do Norte, de forma alguma, uma nação unificada contra a Inglaterra. Na verdade, as 13 colônias não se uniram por um sentimento nacional, mas por um sentimento antibritânico. Era o crescente ódio à Inglaterra, não o amor aos Estados Unidos (que nem existiam ainda) que tornava forte o movimento pela independência. Mesmo assim, esse sentimento a favor da independência não foi unânime desde o princípio. Já vimos anteriormente que o sul era mais resistente à ideia da separação. E tanto entre as elites do norte como as do sul, outro medo era forte: o de que um movimento pela independência acabasse virando um conflito interno incontrolável, em que os negros ou pobres acabassem interpretando os ideais de liberdade como aplicáveis também a eles.

Na verdade, as elites latifundiárias ou comerciantes das colônias resistiram bastante à separação, aceitando-a somente quando ficou claro que a metrópole desejava prejudicar seus interesses econômicos.

As sociedades secretas foram uma das primeiras reações dos colonos contra as medidas inglesas. A mais famosa delas foi "Os Filhos da Liberdade", que estabeleceu uma grande rede de comunicações em muito facilitando a articulação entre os colonos. Os Filhos da Liberdade também eram uma escola de política, pois seus membros liam as principais obras políticas (como a de Locke, entre outras) para darem base intelectual ao movimento.

Houve também um grupo feminino intitulado Filhas da Liberdade com o mesmo propósito. As mulheres também organizavam Ligas do Chá com o objetivo de boicotar a importação de chá inglês. Nas grandes cidades como Nova York e Boston, mulheres encabeçavam campanhas contra produtos elegantes importados da Inglaterra e incentivavam produtos feitos em casa, mais simples porém mais "patrióticos". Na Carolina do Norte, um grupo de mulheres chegou a elaborar um documento chamado Proclamação Edenton, dizendo que o sexo feminino tinha todo o direito de participar da vida política. Mais tarde, quando a guerra entre as colônias e a Coroa Britânica começou, as colonas demonstraram mais uma habilidade: foram administradoras das fazendas e negócios enquanto os maridos lutavam.

A continuidade das medidas inglesas para as 13 colônias levou os colonos a organizarem o Congresso Continental da Filadélfia, mais tarde conhecido como Primeiro Congresso Continental. Representantes de quase todas as colônias (com exceção à Geórgia), acabaram elaborando uma petição ao rei Jorge, protestando contra as medidas. O texto elaborado em 1774 era moderado, o que mostra que a separação não era ainda um consenso. Depois de protestar contra as medidas inglesas, os colonos encerraram o documento dizendo que prestavam lealdade a sua Majestade. O conservadorismo da elite colonial reunida no Congresso não foi suficiente para uma generosa influência de Locke no texto enviado ao rei.

A reação inglesa foi ambígua. Ao mesmo tempo em que houve tentativas de conceder maiores regalias aos colonos, foi aumentado o número de soldados ingleses na América. Esse incremento da força militar acabou estimulando um inevitável choque entre as forças dos colonos e as inglesas. Em Lexington e Concord ocorreram os primeiros choques armados.

Em meio ao início de hostilidades deu-se o Segundo Congresso da Filadélfia. Esse Congresso acabaria reunindo todas as colônias, inclusive a resistente Geórgia. Inicialmente, o Congresso apenas renovou seus protestos junto ao rei, que acabou decidindo declarar as colônias em rebeldia.

A opinião dos congressistas estava dividida enquanto panfletos como o de Thomas Paine, *Senso Comum* (*Common Sense*), pregavam enfaticamente a separação e atribuíam ao rei os males das colônias.

Pode parecer contraditório, mas Paine nasceu na Inglaterra. Entretanto, aos 37 anos, Paine já era um "cidadão do mundo"

Mulheres patriotas organizam boicotes a produtos ingleses e incentivam a produção caseira. Na ilustração: as damas da Sociedade de Senhoras Patriotas de Edenton, Carolina do Norte, jurando não tomar mais chá até a libertação e defendendo a participação feminina na vida política americana.

quando chegou na América, em 1774. Filho do dono de uma fábrica de espartilhos, Paine teve uma vida atribulada e marcada por movimentos políticos. Falido e divorciado, passou nove semanas dentro de um navio até chegar à Pensilvânia. Nos jornais da Pensilvânia adquire fama de escritor "radical", contrário à escravidão e adepto da independência das colônias.

A 10 de janeiro de 1776, o folheto *Senso Comum* chega às livrarias da Filadélfia. Em meio às agitações políticas do inverno de 1776, as cinquenta páginas desse folheto divulgado como anônimo teriam uma importância muito grande, fundamental como elemento de propaganda. Suas afirmações foram espalhadas pelas colônias com grande velocidade. Como o próprio nome diz, Paine sistematizou um sentimento que era crescente entre os colonos, um senso comum e "bom"; deu forma escrita à revolta e corpo às ideias esparsas e aos protestos contra a Inglaterra. Diz o autor:

> A Inglaterra é, apesar de tudo, a pátria-mãe, dizem alguns. Sendo assim, mais vergonhosa resulta sua conduta, porque nem sequer os animais devoram suas crias nem fazem os selvagens guerra a suas famílias; de modo que este fato volta-se ainda mais para a condenação da Inglaterra. [...] Europa é a nossa pátria-mãe, não a Inglaterra. Com efeito, este novo continente foi asilo dos amantes perseguidos da liberdade civil e religiosa de qualquer parte da Europa [...] a mesma tirania que obrigou aos primeiros imigrantes a deixar o país, segue perseguindo a seus descendentes.

Firmemente republicano, Paine ataca não só o abuso da monarquia sobre as colônias, mas a própria monarquia como instituição. A necessidade de uma constituição é ressaltada no folheto. Na visão de Paine, um corpo de leis elaborado nas colônias seria o mais lógico e conveniente para a vida dos colonos. Era a hora da separação:

> A Europa está separada em muitos reinos para que possa viver muito tempo em paz, e onde quer que estoure uma guerra entre a Inglaterra e qualquer potência estrangeira, o comércio da colônia sofre ruínas, por causa de sua conexão com a Grã-Bretanha... Tudo o que é justo ou razoável advoga em favor da separação. O sangue dos que caíram e a voz chorosa da natureza exclamam: Já é hora de separar-nos! Inclusive a distância que o Todo-Poderoso colocou entre a Inglaterra e as colônias constitui uma prova firme e natural de que a autoridade daquela sobre estas nunca entrou nos desígnios do Céu...

O próprio autor manifestou-se surpreso com o sucesso do seu folheto. Mais tarde, porém, mais vaidoso, afirmava numa carta que

> a importância daquele panfleto foi tanta que, se não tivesse sido publicado, e no momento exato em que o foi, o Congresso não teria se reunido ali onde se reuniu. A obra deu à política da América um rumo que lhe permitiu enfrentar a questão.

IN CONGRESS. July 4, 1776.

The unanimous Declaration of the ... States of America.

A América WASP declara a Independência.

O sucesso dos escritos de Paine está ligado ao que, no início do livro, chamamos de "espírito de Macbeth". Esta modernidade política é exatamente a capacidade de separar as partes constitutivas da política como um todo, avaliá-las de forma quase abstrata, manipular os conceitos e jogar com eles a favor de um determinado interesse. Paine afirma que "a sociedade é produzida por nossas necessidades, o governo por nossa iniquidade". A Inglaterra é negada em sua condição de mãe-pátria por seus erros, pregando o autor a separação.

A 2 de julho de 1776, o Congresso da Filadélfia acaba decidindo-se pela separação e encarrega uma comissão de redigir a Declaração da Independência. A Declaração fica pronta dois dias depois, em 4 de julho.

O teor da Declaração de Independência é típico deste "pensamento ilustrado", presente nas colônias no século XVIII. Em muitos aspectos, lembra o panfleto de Paine, misturando elementos de pensamento racional com argumentos religiosos.

Thomas Jefferson não é o único, mas é o mais importante autor desse documento. A consciência de que as colônias inglesas da América do Norte pretendiam algo inédito – separar-se da metrópole – deu aos autores do texto um sentido de importância e majestade, como se as colônias estivessem diante do tribunal do mundo:

> Quando, no curso dos acontecimentos humanos, torna-se necessário para um povo dissolver o vínculo político que o mantinha ligado a outro, e assumir entre as potências da terra a situação separada e igual a que as leis da natureza e o Deus da natureza lhe dão direito, um decoroso respeito às opiniões da humanidade exige que ele declare as causas que o impelem à separação.

Os representantes das colônias, reunidos na Filadélfia, resolveram então explicar ao mundo o que o mundo não tinha perguntado: as causas da separação. Para isto, enumeram 27 atitudes da Inglaterra que prejudicaram as colônias. A explicação e a justificativa não se destinavam à "humanidade", como dizia o texto, mas aos próprios colonos que só pouco antes haviam decidido pela separação.

Os problemas que a Declaração de Independência enumera já são nossos conhecidos: as leis mercantilistas, as guerras que prejudicavam os interesses dos colonos, a existência de tropas inglesas que os colonos deviam sustentar etc. A paciência dos colonos, sua calma e ponderação são destacadas em oposição à posição intransigente e autoritária do rei da Inglaterra, no caso, Jorge III.

Interessante que, dentro do sistema parlamentarista inglês, o rei tem menos importância do que o Ministério. As ações contra os colonos não partiram diretamente de Jorge III, mas dos ministros que pelo Parlamento as impunham à aprovação real. A Declaração, no entanto, resolve concentrar seus ataques na figura do rei, tentando, talvez, "criar" um inimigo conhecido e fixo.

No último parágrafo, por fim, o rompimento definitivo é anunciado. As colônias declaram-se Estados livres e independentes, sem qualquer ligação com a Grã-Bretanha. Invocando a proteção divina, selam a primeira independência das Américas.

A Declaração foi recebida com entusiasmo por quase todos os colonos. Em Nova York, a estátua do rei Jorge III foi derrubada pela população entusiasmada. Em quase todas as colônias houve festas.

Declarar a independência era, porém, mais fácil do que lutar por ela. As colônias tiveram que enfrentar uma guerra para garantir esta independência diante da Inglaterra. George Washington, fazendeiro da Virgínia, foi nomeado comandante das forças rebeldes.

As hostilidades haviam começado em Lexington e Concordo. Foi organizado o Exército Continental, uma força regular a cargo de Washington. Porém, a Guerra de Independência é também fruto da luta das Milícias, grupos mais ou menos autônomos de colonos que faziam atos de sabotagem contra o Exército inglês. Nessa época, desenvolve-se uma noção muito importante para os Estados Unidos: os *Minutemen*, homens que deveriam estar prontos para defender-se a qualquer minuto dos ataques da Inglaterra, sendo os verdadeiros "cidadãos em armas".

Em decorrência dessa mentalidade, na futura Constituição dos EUA seria garantido o direito ao cidadão de portar armas, princípio mantido até hoje. (Se na época da guerra contra a Inglaterra essa ideia tinha uma certa validade, hoje ela é um obstáculo ao desarmamento da população.)

A guerra não foi fácil. Os ingleses enviaram vários generais conceituados como William Howe, John Burgoyne e Lord Corwallis e tropas apoiadas pela maior marinha do mundo. Apesar do entusiasmo dos colonos, a experiência e a marinha britânicas pareciam ser obstáculos quase intransponíveis. Os britânicos pagaram ainda uma grande quantidade de mercenários alemães, famosos pela energia de ataque, para lutar na América.

Para piorar a situação dos rebeldes, muitos colonos passaram para o lado dos ingleses, contrários à independência ou simplesmente em busca de recompensas imediatas. Houve traições ainda mais graves, como a do General Benedict Arnold, que levou aos ingleses muitas informações sobre as forças rebeldes. A fidelidade à causa da liberdade e à ideia de um novo país não eram unânimes...

Um dos fatores que mais uniu os colonos em torno da causa da independência foi a violência inglesa. Banastre Tarleton, por exemplo, foi apelidado de açougueiro pelos norte-americanos, pela ferocidade com que matava mulheres e crianças e incendiava aldeias inteiras. Um dos objetivos de Tarleton era capturar um guerrilheiro pró-independência, Francis Murion, apelidado de Raposa do Pântano. Tarleton morreu com título de sir (nobre) na Inglaterra, em 1833. Francis Murion morreu como um respeitado patriota na Carolina do Sul, em 1795. Cada um foi herói para o seu país.

A guerra foi uma sucessão de batalhas que ora favoreciam os britânicos, ora os colonos. Vitórias dos colonos – como em Saratoga – permitiram que o embaixador das colônias, Benjamin Franklin, conquistasse em definitivo o apoio espanhol e francês. A França enviou exército e marinha, sob o comando do marquês de Lafayette e do general Rochambeau. A Holanda também aproveitou a guerra para atacar possessões inglesas, ainda que a princípio não reconhecesse a independência das colônias. As rivalidades europeias, desta vez, eram canalizadas a favor dos colonos.

As entradas da França e da Espanha alteram os rumos da guerra. O conflito havia se deslocado para o sul. Em 19 de outubro de 1781, as tropas de colonos e seus aliados obtêm a vitória decisiva em Yorktown na Virgínia. Dois anos após a vitória de Washington, em 1783, pelo Tratado de Paris a França recebia o Senegal na África e algumas ilhas das Antilhas; a Espanha recebia a ilha de Minorca no Mediterrâneo e territórios da Flórida e, pela primeira vez, um país da Europa reconhecia a independência de uma colônia.

OS PAIS da pátria

A tradição política e historiográfica norte-americana elegeu alguns homens como pais da pátria ou "pais fundadores". Eles figuram, com rostos felizes, nas também felizes notas de dólar. George Washington e Benjamin Franklin são dois dos mais destacados.

George Washington era um fazendeiro da Virgínia. Lutou nas guerras coloniais e adquiriu fama de bom militar. Quando a

O povo de Nova York derruba a estátua do Rei Jorge III: as colônias rompem com antigos símbolos. Logo surgirão outros, como os "pais da pátria".

independência aconteceu, tornou-se chefe maior das tropas americanas contra as inglesas.

Nascido em 1732, Washington pertencia à elite colonial. A participação de Washington no Primeiro e Segundo Congressos da Filadélfia não é algo estranho. A independência e a construção do novo regime republicano foi um projeto levado adiante pelas elites das colônias. Escravos, mulheres e pobres não são os líderes desse movimento, a independência norte-americana é um fenômeno branco, predominantemente masculino e latifundiário ou comerciante. Washington é o pai desta pátria, uma parte da nação que em 1776 se identificou com a noção de toda a pátria.

Benjamin Franklin foi um dos mais famosos intelectuais do século XVIII. Sua imagem é associada com frequência ao para-raios, bibliotecas públicas, corpo de bombeiros e outras instituições que, se não foram inteiramente criação sua, muito lhe devem.

Nascido em Boston, em 1706, Franklin representa o elemento urbano que participou do processo de independência.

Franklin foi alimentando ao longo de sua vida ideias sobre a liberdade e a democracia. Crítico da escravidão, foge do pensamento padrão dos outros líderes, tendo em vista que a escravidão foi um dos elementos em que não chegaram as ideias de liberdade pregadas pelos colonos. Franklin defendera desde muito cedo a unidade das colônias. Vimos que é de sua autoria o Plano de União de Albany, em 1745. Honesto, trabalhador, Franklin reúne todas as condições para tornar-se um "pai da pátria".

Em 1748, ainda longe do destaque que o movimento de independência traria, Franklin dava instruções a um jovem aprendiz:

> Recorda que tempo é dinheiro... Recorda que crédito é dinheiro... O dinheiro pode gerar dinheiro e tua prole pode gerar mais... O caminho da riqueza depende principalmente de duas palavras: diligência e frugalidade; isto é, não desperdices tempo nem dinheiro, mas os emprega da melhor maneira possível... Quem ganha tudo o que pode honradamente e guarda tudo o que ganha (excetuando os gastos necessários), sem dúvida alguma chegará a ser rico, se este Ser que governa o mundo a quem todos devemos pedir a bênção para nossas empresas honestas, não determina o contrário na Sua sábia providência.

O bom trabalhador protestante, que envolve Deus em seus negócios: esse é o retrato que o próprio Franklin traçou de si. Trabalhar de sol a sol, não desperdiçar, poupar e acumular, regras franklinianas para um viver feliz. Franklin é o pai de outra parte da pátria: dos protestantes, dedicados a guardar o dinheiro que Deus lhes envia em retribuição a seus esforços.

E PLURIBUS unum

Esta frase em latim significa: "de muitos, um". Ela foi escolhida como lema do novo país e consta em muitos símbolos oficiais dos Estados Unidos. Representa o surgimento de um país unificado, nascido de muitas colônias.

Esta unidade, porém, não era tão fácil de se sustentar. A unidade contra os ingleses não significou em tempo algum um sentimento nacional de fato. A ideia de ser membro de um país deveria ser construída, e esta construção não terminaria com a independência.

A bandeira já havia sido escolhida. Tinha 13 listras alternando o vermelho e o branco, cada listra representando uma colônia. No canto superior esquerdo, 13 estrelas sobre um fundo azul. Cada novo estado que, ao longo da história, foi sendo incorporado ao país (hoje são cinquenta) acrescentou uma nova estrela nesta área. Como símbolo dos Estados Unidos também foi escolhida uma ave: a águia careca, animal típico da América do Norte. Houve protestos contra a escolha. Por incrível que pareça, alguns chegaram a sugerir o peru como ave nacional, porque além de ser também típico da América, era mais sociável e menos agressivo. Prevaleceu a águia.

O trabalho de construção de identidade entretanto seria longo, bem mais complicado do que escolher uma ave ou bandeira. Na expressão do historiador norte-americano Joyce Appleby (*Inheriting the Revolution*), houve ainda uma geração inteira que teve que se conscientizar de que era americana e absorver os novos valores republicanos e de independência. Por meio da análise de muitas cartas e biografias da época, Appleby fala de uma geração que se viu diante da tarefa de inventar um país na América.

Pela primeira vez uma colônia ficara independente. Devia-se a partir de então criar um país livre com novos princípios. A primeira dificuldade era exatamente a existência não de uma colônia, mas sim de 13. A luta contra os ingleses havia unido as 13 colônias. Desaparecido o inimigo em comum, restavam os problemas da organização política interna.

Para enfrentá-las, Benjamin Franklin havia proposto os *Artigos de uma Confederação e União Perpétua* ainda antes da independência de fato. Com base neste texto dos "artigos", uma comissão passou a elaborar uma Constituição.

A lenta discussão preparatória da Constituição perturbava o andamento de outras medidas. Unidade em torno de um governo central forte ou liberdade para as colônias agirem de forma mais autônoma? Esse problema fora levantado ainda antes da independência e permaneceu mal resolvido até o século XIX, acabando por gerar a Guerra Civil Americana.

Durante vários meses, a Convenção da Filadélfia discutiu o texto da nova Constituição. O político norte-americano James Madison foi um dos mais destacados redatores desse texto. Desde que foi submetido ao Congresso, em setembro de 1787, até maio de 1790, quando ratificado pelo mesmo Congresso, transcorreram quase três anos, demonstrando a dificuldade de consenso em torno de algumas questões.

De muitas formas o texto constitucional é inovador. Começa invocando o povo e falando dos direitos, inspirados em Locke. A nação americana procurava assentar sua base jurídica na ideia de representatividade popular, ainda que o conceito de povo fosse, nesse momento, extremamente limitado.

Já no início da Constituição encontramos a expressão: "Nós, o povo dos Estados Unidos...". Quem eram "nós"? Certamente não todos os habitantes das colônias. A maior parte dos "americanos" estava excluída da participação política. O processo de independência fora liderado por comerciantes, latifundiários e intelectuais urbanos. Com a Constituição, cada estado, por exemplo, tinha a liberdade de organizar suas próprias eleições.

O federalismo (autonomia para cada estado) é um conceito que atravessa toda a constituição. A Constituição criou uma república federalista presidencial. O governo de cada colônia (agora estado) procura se equilibrar com o governo federal. Além disto, os poderes estão, dentro da tradição ensinada pelo filósofo Montesquieu, divididos em Executivo, Legislativo e Judiciário.

Por seu caráter bastante amplo, a carta magna dos Estados Unidos assegurou a sua durabilidade. Ao contrário da primeira constituição brasileira, de 1824, a constituição norte-americana estabelece princípios gerais e suficientemente vagos para garantirem sua estabilidade e permanência. À Suprema Corte dos Estados Unidos iria caber, no futuro, o papel de interpretar a constituição e decidir sobre a constitucionalidade ou não das leis estaduais e das decisões presidenciais.

A eleição de Washington como o primeiro presidente era um fato mais ou menos óbvio. Era o único a contar com apoio em qua-

O momento histórico da assinatura da Constituição, na interpretação do artista Howard C. Christy.

se todos os estados. Um colégio eleitoral, constituído de eleitores por estados, deu maioria de votos a Washington e a vice-presidência a John Adams.

AS REPERCUSSÕES da Independência

O primeiro país atingido pela independência dos Estados Unidos foi a Inglaterra. O rei Jorge III, que vinha tentando uma maior concentração de poderes, ficou extremamente desacreditado com a separação das 13 colônias. A derrota inglesa e o Tratado de Paris abalaram momentaneamente a expansão inglesa.

A França absolutista de Luís XVI também foi atingida. Os soldados franceses que haviam lutado na independência voltaram para a Europa com ideias de liberdade e república. Haviam lutado contra uma tirania na América e, de volta à pátria, reencontravam um soberano absoluto. No entanto, só 13 anos depois da independência norte-americana, esse germe de liberdade frutificará na França.

As despesas do Estado francês com a guerra no além-mar foram elevadas, fazendo o já debilitado tesouro francês sofrer bastante. As vantagens obtidas pelo Tratado de Paris só supriram parte do déficit. Dessa forma também, a Revolução Americana colaborou para enfraquecer o poder real e desencadear a Revolução Francesa.

Para o resto da América, os Estados Unidos serviriam como exemplo. Uma independência concreta e possível passou a ser o grande modelo para as colônias ibéricas que desejavam separar-se das metrópoles. Os princípios iluministas, que também influenciavam a América Ibérica, demonstraram ser aplicáveis em termos concretos. Soberania popular, resistência à tirania, fim do pacto colonial; tudo isto os Estados Unidos mostravam às outras colônias com sua independência.

Para os índios, a independência foi negativa pois, a partir dela, aumentou-se a pressão expansionista dos brancos sobre os territórios ocupados pelas tribos indígenas.

Para os negros escravos, foi um ato que em si nada representou. Temos notícia de um grande aumento do número de fugas durante o período da Guerra de Independência. Thomas Jefferson declarou que, em 1778, a Virgínia perdeu 30 mil escravos pela fuga. No entanto, nem à Inglaterra (que dependia do trabalho escravo em áreas como a Jamaica) nem aos colonos – os sulinos em particular – interessava que a Guerra de Independência se transformasse numa guerra social entre escravos e latifundiários, o que de fato não ocorreu.

Com todas as suas limitações, o movimento de independência significava um fato histórico novo e fundamental: a promulgação da soberania "popular" como elemento suficientemente forte para mudar e derrubar formas estabelecidas de governo, e da capacidade, tão inspirada em Locke, de romper o elo entre governantes e governados quando os primeiros não garantissem aos cidadãos seus direitos fundamentais. Existia uma firme defesa da

As negociações de paz foram retratadas pelo artista Benjamin West, mas os delegados ingleses se recusaram a posar para o quadro, que ficou incompleto.

liberdade, a princípio limitada, mas que se foi estendendo em diversas áreas.

Já nas dez primeiras emendas à Constituição, em 1791, os direitos e liberdades individuais são esclarecidos e aprofundados. Essas emendas, chamadas *Bill of Rights*, são muitas vezes consideradas mais importantes do que todo o texto da Constituição.

A Primeira Emenda proíbe que se estabeleça uma religião oficial ou se limite o exercício de qualquer religião. A liberdade de expressão e de imprensa são declaradas fundamentais e o povo tem o direito de reunir-se pacificamente e fazer petições contra um ato governamental que não lhe agrade. A Segunda Emenda garante o direito de cada cidadão ao porte de armas. A Terceira trata da proibição de se alojar soldados nas casas sem consentimento do proprietário. Outras emendas falam do direito ao júri,

Ilustração da primeira sede do governo americano, o *Federal Hall*, em Nova York. Sobre a fachada em estilo colonial, a águia, símbolo do novo país. No balcão, George Washington presta juramento como presidente.

do direito a um julgamento público e rápido, proíbem multas excessivas e penas cruéis e – no máximo do cuidado democrático – a Nona Emenda afirma que todos os direitos garantidos nas emendas não significam que outros, não escritos, não sejam válidos também.

Surgia um novo país que, apesar de graves limitações aos olhos atuais (permanência da escravidão, falta de voto de pobres e de mulheres), causava admiração por ser uma das mais avançadas democracias do planeta naquela ocasião. Essas realidades encantariam um pensador francês em visita aos Estados Unidos no século XIX, Alexis de Tocqueville, que, entusiasmado, afirmou:

> Há países onde um poder, de certo modo exterior ao corpo social, age sobre ele e o força a marchar em certa direção. Outros há em que a força é dividida, estando ao mesmo tempo situada na sociedade e fora dela. Nada de semelhante se vê nos Estados Unidos; ali, a sociedade age sozinha e sobre ela própria [...] O povo reina sobre o mundo político americano como Deus sobre o universo. É ele a causa e o fim de todas as coisas, tudo sai de seu seio e tudo se absorve nele.

Entretanto, o mesmo Tocqueville, vindo de uma sociedade aristocrática, não deixa de tecer críticas à maneira de ser da jovem nação. Em passagem venenosa, o autor declara:

> Frequentemente observei nos Estados Unidos que não é fácil fazer uma pessoa compreender que sua presença pode ser dispensada, e as insinuações nem sempre bastam para afastá-la. Se contradigo um americano a cada palavra que diz, para lhe mostrar que sua conversação me aborrece, ele logo se esforça com redobrado ímpeto para me convencer; se mantenho um silêncio mortal, ele julga que estou meditando profundamente nas verdades que profere; se por fim fujo da sua companhia, ele supõe que algum assunto urgente me chama para outro lugar. Esse homem nunca compreenderá que me cansa mortalmente, a não ser que eu diga, e, assim, a única maneira de me ver livre dele é transformá-lo em meu inimigo pela vida inteira.

Como vemos, a admiração pela política do novo país não era ampliada para a admiração pela conversa dos novos cidadãos.

Conclusão

De muitas formas, tudo o que falamos até aqui marca a história dos Estados Unidos pelos séculos XIX, XX estendendo-se até este início de XXI.

A divisão entre dois universos muito distintos, o sul agrário escravista e o norte industrial e baseado no trabalho livre, continuaria por todo o século XIX, marcando a grande Guerra Civil Norte-americana, conflito que custaria mais de 600 mil mortos ao país. Apenas em 1865, ano do término da Guerra Civil, algumas questões que estavam presentes no período colonial e na Independência (como a escravidão) seriam parcialmente resolvidas. Parcialmente porque, como é lógico notar, o fim da escravidão em 1865 não significou o fim do racismo ou da violência contra os negros. Pelo contrário, sociedades racistas fundadas após a Guerra Civil, como a famosa Ku Klux Klan, demonstram que o problema colonial do escravo foi transformado, não superado.

A questão do índio, que desde o início da colonização marcara a vida inglesa na América, também não se resolveu com a Independência. Pelo contrário, como vimos, após a independência o processo de expansão sobre as terras indígenas e a corrida para conquistar o Oeste provocaram conflitos ainda mais violentos entre os antigos e os novos ocupantes do solo norte-americano. Ao longo dos séculos XIX e XX várias soluções seriam tentadas para o problema. A primeira e mais comum foi o massacre. As tropas da cavalaria, que os filmes de "bangue-bangue" imortalizaram, representam a recusa em conviver com o outro, representado pelo índio. Para aqueles que sobreviveram aos massacres, restou a vida em reservas delimitadas pelo governo norte-americano. Em 1817, um desolado chefe indígena diria sobre os homens brancos: "Admito que existam homens brancos bons, mas são proporcionalmente muito poucos em comparação com os maus... Nos fariam seus escravos se pudessem, mas, como não podem, matam-nos!"

A expansão do período colonial gerou um herói bastante típico: Daniel Boone, imortalizado na obra de John Filson. Na verdade, a adversidade das condições que Boone e tantos outros enfrentaram no período colonial são estímulos para o individualismo que marca a sociedade norte-americana. Boone é um modelo de colono, na medida em que serve também de modelo para os americanos que o sucederam: voltado para os interesses particulares e de sua família, lutando contra os inimigos (fossem eles índios ou ingleses), honesto, próspero e religioso. Boone viveu em área de fronteira no século XVIII; poderia no entanto, em tempos posteriores, montar fábricas de automóveis, cassinos ou aplicar em ações de Wall Street. O "homem da fronteira" é um dos maiores mitos coloniais. Elo entre o mundo dos selvagens e civilizados, capaz de grande autonomia, é o modelo de quase todos os filmes norte-americanos nos quais o indivíduo salva a situação que o Estado ou o grupo não conseguiram resolver.

Feriados baseados em festas coloniais – como o dia de Ação de Graças – foram transformados em festas nacionais. Até hoje, em novembro o país inteiro para a fim de se encontrar com a família e devorar o mesmo peru que os colonos famintos da Nova Inglaterra atacaram no início do inverno de 1621.

Não poderíamos deixar de lado uma ideia de predestinação, tipicamente protestante, que marcou o período colonial e a história contemporânea dos Estados Unidos. Ainda nos primórdios da colonização, um autor anônimo havia registrado vários sinais da predileção de Deus pelo empreendimento colonizador da América do Norte. Este autor, em 1643, afirma que a varíola foi enviada por Deus para dizimar os nativos e permitir a instalação dos colonos naquelas terras. A devoção e o trabalho dos colonos, ainda segundo esse anônimo, estimulavam Deus a continuar favorecendo o grupo e tornando-o privilegiado entre as nações. Da mesma forma, em 1651, Peter Bulkeley havia manifestado como Deus favorecia a missão especial na América de pessoas que deveriam destacar-se pela santidade. Diz o autor: "Esforcemo-nos para que esta coroa não nos seja retirada. Sejamos um povo bendito, para que sejamos dignos diante de Deus e preciosos aos olhos de seus santos". Esse sentido de missão e de eleição divina é uma das tônicas do período colonial.

Não é incorreto estabelecer uma linha de continuidade entre esse "sentimento de eleição" e a atuação norte-americana no século XX, particularmente após a Segunda Guerra Mundial. A partir dessa data, em oposição ao regime socialista soviético, o discurso estadunidense evoca muitas vezes a missão americana de defender a liberdade e a crença em Deus na terra. Podemos observar uma linha de continuidade entre o discurso quase messiânico da Guerra Fria e as características da colonização na América do Norte.

Os séculos XIX e XX manteriam a tendência colonial da expansão territorial. Os colonos haviam desejado o vale de Ohio. Os americanos independentes comprarão a Luisiânia e arrebatarão áreas imensas do México, anexando-as a seu território. Compram também o Alasca e, com a corrida imperialista, garantem seus interesses em áreas distantes.

Várias vezes, no entanto, advertimos contra os historiadores que só se referem àquilo que frutificou, fazendo uma história de frente para trás. E aquilo que não frutificou, aquilo que morreu, seria importante lembrar?

Não há mais caça às feiticeiras. Ainda no final do século XVII as críticas a essa prática absurda colaboraram para diminuir e, por fim, encerrar os processos e execuções dos suspeitos de praticar bruxaria. No entanto, os Estados Unidos viveram surtos contemporâneos de perseguições a "bruxas". É exatamente com o nome de caça às bruxas que a história contemporânea registrou a "cruzada" do senador McCarthy contra os "comunistas", que atingiu Chaplin, Brecht e Tenessee Williams. Essa histeria persecutória, com seu auge em 1952, não está tão distante das histerias de Salem.

Por suas contradições, a história dos Estados Unidos também é rica. No período colonial, puritanos e *quakers* conviveram na

América do Norte, e é mais correto imaginar que conviveram não *apesar* um do outro, mas *por causa* um do outro. Da mesma forma, na década de 1960, o sonho *hippie* da Califórnia conviveu com discursos ultrarreacionários e com a intervenção no Vietnã. Mais uma vez, não *apesar* um do outro, mas *por causa* um do outro. Não queremos afirmar que *há* uma identificação entre os *quakers* e os *hippies* ou entre os puritanos e Nixon, mas que as características que as colônias assumiram ao longo de dois séculos dialogam com os Estados Unidos modernos.

Talvez o mais espantoso de tudo isso seja o fato de o novo país não ter nascido de um impulso criativo revolucionário, mas essencialmente reacionário. O que significa isso? A independência não foi feita para criar uma nova ordem, mas para fazer voltar uma ordem antiga, de não interferência da Inglaterra nos negócios das colônias. Sonhando com o passado, eles criaram um grande futuro para alguns dos seus cidadãos. Hoje eles são a maior potência do planeta. Impossível ser diferente? Tão impossível quanto era um grupo de colônias perdidas na América do Norte vencer a Inglaterra, a maior potência do mundo de então. O processo histórico é muito mais rápido que a consciência que temos dele. Quando somos capazes de entender algo sobre essas mudanças na história, tudo já mudou novamente.

Cronologia

1455/1485 – Guerra Civil na Inglaterra: Guerra das Duas Rosas.
1485/1603 – Dinastia Tudor na Inglaterra.
1492 – Descoberta da América.
1496 – Henrique VII Tudor concede uma carta de exploração a John Cabot.
1585 – Isabel (Elizabeth) I concede uma cédula de colonização a sir Walter Raleight.
1607 – Fundação de Jamestown, na Virgínia.
1619 – Chegada dos primeiros escravos africanos às colônias inglesas.
1620 – Os peregrinos puritanos do *Mayflower* chegam a Massachusetts.
1624 – Cassação dos direitos da Companhia de Londres.
1635 – Cassação dos direitos da Companhia de Plymouth.
1661/1664 – Conquista inglesa da colônia holandesa de Nova Amsterdã, futura Nova York.
1688/1697 – Guerra do Rei Guilherme.
1703/1713 – Guerra da Rainha Ana ou da Sucessão Espanhola.
1739/1742 – Guerra da "Orelha de Jenkins".
1740/1768 – Guerra da Sucessão Austríaca ou do Rei Jorge.
1754 – Início da Guerra Franco-Índia.
1756/1763 – Guerra dos Sete Anos.
1764 – Lei do Açúcar e Lei da Moeda.
1765 – Lei do Selo e Lei da Hospedagem.

1767 – Atos Townshend.
05/03/1770 – Massacre de Boston.
1773 – Lei do Chá.
16/12/1773 – Festa do Chá de Boston.
1774 – Leis Intoleráveis e Primeiro Congresso Continental da Filadélfia.
1775 – Início do Segundo Congresso Continental da Filadélfia.
04/07/1776 – Declaração de Independência.
1783 – Tratado de Paris: a Inglaterra reconhece a independência dos Estados Unidos.
1787 – A Constituição fica pronta.
1790 – O primeiro censo dos Estados Unidos mostra uma população de 3,9 milhões de habitantes.
1791 – *Bill of Rights*.

Sugestões de Leitura

Nosso objetivo é fornecer uma pequena lista de livros nos quais as questões que aqui tratamos de maneira superficial possam ser aprofundadas. Procuramos aquilo que é mais acessível e, preferencialmente, em português. No entanto, não só pela escassez da bibliografia em português sobre o período colonial, mas também pela existência de obras fundamentais em inglês, indicaremos alguns livros na língua dos colonos estudados nas páginas anteriores.

Um dos passos fundamentais no pensamento científico é, exatamente, desenvolver pontos e encontrar ideias diferentes. Criticar, confirmar, tomar a sua própria posição – isto faz a diferença entre o ser que pensa e o que repete. Os livros aqui podem ajudá-lo a pensar.

APTHEKER, Herbert. *Uma nova história dos Estados Unidos: A Era Colonial.* Rio de Janeiro: Civilização Brasileira, 1967.

____________ *A Revolução Americana.* Rio de Janeiro: Civilização Brasileira, 1969.

As obras de Aptheker são dos poucos livros em português sobre o período colonial norte-americano e a independência. O autor privilegia a luta de classes na história norte-americana. Ao contemplarmos as colônias por meio de Aptheker, vemos grupos de exploradores e conflito com explorados. A ênfase de Aptheker nessa questão torna-o indispensável para os que desejam se aprofundar nas relações sociais das colônias e nas tensões internas à época da independência. Bastante inovador quando de seu lançamento, o livro também visita a perseguição às bruxas, o "grande despertar", o iluminismo nas colônias e as diretrizes sociopolíticas da Revolução Americana.

BRADBURY, Malcom et TEMPERLEY, Howard. (edit.) *Introdução aos estudos americanos.* Rio de Janeiro: Forense Universitária, s/d.

Os diversos autores que escrevem esse livro fazem vários estudos sobre a história colonial e independente dos Estados Unidos. Muitos deles falam do "caráter" ou do "espírito" norte-americano e de suas raízes coloniais. Obra interessante para quem já possui algum conhecimento da história americana.

HUBERMAN, Leo. *História da riqueza dos EUA (Nós, o povo).* 4ª. ed., São Paulo: Brasiliense, 1987.

Mais de meio século nos separa da primeira edição desse livro. Huberman trata das questões econômicas de um ponto de vista marxista e de maneira jornalística. Apesar das poucas páginas dedicadas ao período colonial, sua leitura é muito agradável.

MOOG, Vianna. *Bandeirantes e pioneiros.* 3ª. ed., Porto Alegre: Globo, 1956.

Nesse livro tradicional, Moog estabelece um dos primeiros paralelos sérios entre os Estados Unidos e o Brasil. Derrubando questões tradicionais ao explicar diferenças entre a colonização ibérica e a anglo-saxônica, Moog trabalha principalmente com hipóteses geográficas e religiosas. Apesar de datado em muitas questões, Moog ainda fornece ideias importantes para essa reflexão.

MORISON, Samuel Eliot et COMMAGER, Henry Steele. *História dos Estados Unidos da América.* (Tomo I) São Paulo: Melhoramentos, s/d.

Esse trabalho apareceu originalmente em 1930, sofrendo constantes acréscimos até a morte dos autores. A obra é marcada pelo nacionalismo e por pontos de vista mais tradicionais sobre o período colonial. Bem escrita e com base documental sólida, o livro trata principalmente das questões políticas e dos fatos da história norte-americana.

MORSE, Richard M. *O espelho de Próspero.* São Paulo: Companhia das Letras, 1988.

Essa reflexão de Morse, traçando paralelos entre a cultura norte-americana e a América Latina, apresenta pontos fascinantes que fazem o leitor pensar e redefinir suas posições sobre essas questões. É leitura obrigatória para os que pensam conjuntamente as Américas.

PINSKY, Jaime *et alli* (org.). *História da América através de textos.* 6ª. ed. São Paulo: Editora Contexto, 1990.

Contém, entre outros, textos relativos ao processo de formação dos Estados Unidos.

SELLERS, Charles *et alli. Uma reavaliação da História dos Estados Unidos.* Rio de Janeiro: Jorge Zahar, 1990.

Essa coletânea é uma das melhores obras em português sobre o assunto. Além dos capítulos adicionais sobre História, apresenta discussões historiográficas sobre, por exemplo, quais foram as causas da Guerra Civil nos Estados Unidos.

SYRETI, Harold C. *Documentos históricos dos Estados Unidos.* São Paulo: Cultrix, 1980.

Nessa coletânea de documentos norte-americanos, Syrett seleciona os mais tradicionais na história dos Estados Unidos. A leitura das fontes sempre traz novas luzes e o leitor poderá tirar conclusões sobre a história dos EUA, a partir daquilo que seus autores disserem. É sempre importante ter acesso às fontes da época.

Coletâneas de documentos em inglês

Em meio a dezenas de coletâneas de documentos em inglês, destacaremos três. Uma das maiores é a coleção *The Annals of America* (EUA Encyclopaedia Britannica ed. 1976, vol. 1) que trata do período das primeiras explorações da América até 1754. Cada documento é precedido de uma pequena introdução. Várias ilustrações acompanham a obra. Duas outras coletâneas são extremamente interessantes por trazerem documentos pouco explorados e mostrarem o imaginário da América do Norte, a vida cotidiana e questões sobre índios, fronteiras e heróis coloniais.

São elas: *An Early American Reader* (Editada por J. A. Leo Lemay. Washington, United States Information Agency, 1988) e *America Begins – Early American Writing* (Editada por Richard M. Dorson, Bloomington: Indiana University Press, 1971). Essas três coletâneas foram fundamentais para a elaboração deste livro e fonte da maioria dos documentos citados nestas páginas.

Coletâneas de documentos em espanhol

PAHISSA, Angela Moyano e MÁRQUEZ, Jesús Velasco (orgs.) *Coletânea do Instituto Mora.* México, 1988.

Publicada a partir de 1988, em nove volumes. Tradução para o espanhol de muitas fontes documentais da história dos Estados Unidos. Obra muito importante dividida em documentos políticos, documentos socioeconômicos e síntese da história dos EUA.

Filmes

Tal como outras fontes de arte, o cinema serve para expressar opiniões sobre fatos históricos. O cinema dos Estados Unidos, em particular, costuma ser bastante nacionalista e exaltar os chamados "valores norte-americanos". Como qualquer documento, o filme precisa do seu senso crítico, do seu olhar para medir o tipo de mensagem transmitida. Veja estes filmes, julgue e critique:

O Patriota (*The Patriot.* 2000): filme sobre a guerra de Independência, mostrando como um pacato viúvo do sul acabou sendo envolvido na guerra e adotando o ideal de liberdade. Os ingleses aparecem como monstros e o patriota Benjamin Martin (interpretado por Mel Gibson) como um grande herói. O filme recria de forma muito livre a história que narramos neste livro do militar inglês Banastre Tarleton e do guerrilheiro norte-americano Francis Murion.

A Letra Escarlate (*The Scarlet Letter.* 1995): baseado num romance de mesmo nome de Nathaniel Hawthorne, é uma boa visão do puritanismo da Nova Inglaterra e do hábito (real) de colocar a letra A bordada em vermelho sobre a mulher que traísse o marido. A personagem retratada é Hester Prynne, interpretada pela bela Demi Moore.

As Bruxas de Salem (*The Crucible.* 1996): filme inspirado muito vagamente na obra de Arthur Miller, mostra o surto de feitiçaria reduzindo sua explicação à manipulação de uma adolescente para atingir seus objetivos amorosos. A adolescente é interpretada por Wynona Ryder que tenta obter, mediante a desculpa da feitiçaria, o amor de Daniel Day-Lewis. Originalmente a obra de Miller era uma denúncia à histeria da perseguição aos comunistas no período pós-Segunda Guerra Mundial nos Estados Unidos. Não podendo atacar diretamente esta história, ele fez uma metáfora sobre o surto de Salem.

Revolução (*Revolution.* 1985): filme que mostra de uma forma bastante rara o choque de grupos sociais na Independência e a decepção dos pobres com os resultados da Guerra contra a Inglaterra. Estrelado por Al Pacino e Nastassja Kinski.

Pocahontas (*Pocahontas.* 1995): o desenho dos estúdios Disney constitui-se numa boa chance de ver como os Estados Unidos romantizam e idealizam a figura da jovem índia e seu amor por J. Smith. Apesar de alguns tons críticos ao retratar a Companhia da Virgínia ou a agressividade inglesa, constrói uma fantasia ecológica de índios perfeitamente integrados à natureza e politicamente corretos. Em 1998 foi feita uma continuação do desenho (*Pocahontas II: Journey to a New World*).

GRÁFICA PAYM
Tel. [11] 4392-3344
paym@graficapaym.com.br